羽毛球运动500问

朱建国 著

人民体育出版社

图书在版编目（CIP）数据

羽毛球运动500问 / 朱建国著. -- 北京：人民体育出版社，2021（2023.6重印）
 ISBN 978-7-5009-6048-5

Ⅰ.①羽… Ⅱ.①朱… Ⅲ.①羽毛球运动—问题解答 Ⅳ.①G847-44

中国版本图书馆CIP数据核字(2021)第108167号

*

人民体育出版社出版发行
北京盛通印刷股份有限公司印刷
新 华 书 店 经 销

*

787×960　16开本　11印张　187千字
2021年12月第1版　2023年6月第3次印刷

*

ISBN 978-7-5009-6048-5
定价：65.00元

社址：北京市东城区体育馆路8号（天坛公园东门）
电话：67151482（发行部）　　邮编：100061
传真：67151483　　　　　　　邮购：67118491
网址：www.psphpress.com

（购买本社图书，如遇有缺损页可与邮购部联系）

目 录

第一篇　羽毛球运动场地器材问答 …………………………（ 1 ）

第二篇　羽毛球运动技术问答 ………………………………（ 21 ）

第三篇　羽毛球运动战术问答 ………………………………（ 65 ）

第四篇　羽毛球运动知识问答 ………………………………（ 89 ）

第五篇　羽毛球运动损伤及康复问答 ………………………（ 107 ）

第六篇　羽毛球运动保健问答 ………………………………（ 147 ）

第七篇　羽毛球运动营养问答 ………………………………（ 159 ）

第一篇

羽毛球运动场地器材问答

Q1. 羽毛球单打场地宽多少？双打场地宽多少？

羽毛球场为一长方形场地，长度为13.40米，双打场地宽为6.10米，单打场地宽为5.18米。球场上各条线宽均为4厘米，丈量时要从线的外沿算起。球场界限最好用白色、黄色或其他易于识别的颜色画出。

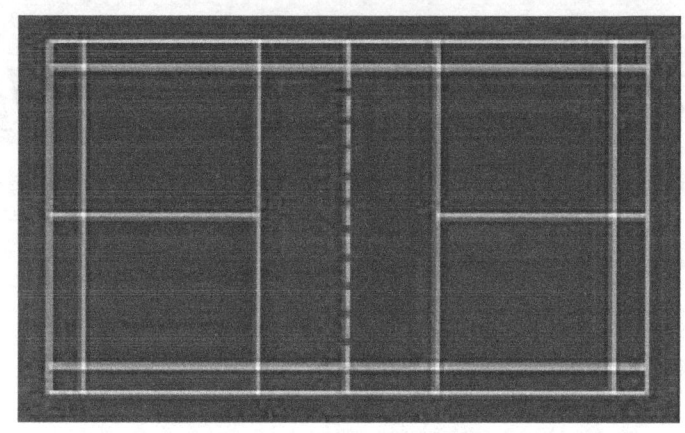

标准羽毛球场示意图

Q2. 国际比赛（国际羽联）对羽毛球场地有哪些要求？

按国际比赛（国际羽联）规定，整个球场上空高度不得低于9米，在此高度之内不得有任何横梁或其他障碍物，球场四周2米以内不得有任何障碍物。任何并列的两个球场之间，最少应有2米的距离。球场四周的墙壁最好为深色，不能有风。

Q3. 羽毛球场地地胶的材质由什么构成？

羽毛球场地地胶由PVC耐磨层、玻璃纤维加强层和PVC发泡缓冲层组成。

Q4. 羽毛球场地地胶有什么作用？

耐磨耐压，地板不易收缩，性能更加稳定，防滑、消震，为健康运动带来可靠保障，为专业运动员、普通健身民众提供极好的运动缓冲保护，可最大限度地减少运动员的损伤。

5. 球网长宽多少？

羽毛球网长610厘米、宽76厘米，用优质深色的天然或人造纤维制成，网孔大小为15～20毫米，网的上缘应缝有一道宽75毫米的对折白布边，用绳索或钢丝穿起来，适当拉紧，使之和网柱顶端齐平。

6. 羽毛球场地的网柱及网高是多少？

从球场地面算起，网柱高1.55米，即网高为1.55米。网柱应放置在双打球场的边线上，球网中部上沿离地面高1.524米。如不能设置网柱，则必须采用其他办法标示出边线通过网下的位置。

7. 对羽毛球裁判椅有什么具体要求？

主裁判椅：椅子座位高约1.4米，在左右扶手间应设一搁板，让主裁判放置记分板，椅子的四脚应稍微张开，使椅子的重心稳固，这样主裁判在上下椅子时不会摇晃。

发球裁判椅：一般常用的靠背椅子即可，但应注意不要使用铁脚椅子，以免损坏场地。

司线员椅：要求同发球裁判椅。

8. 羽毛球衣物筐是何规格？

衣物筐用于运动员进场后放置备用球拍、毛巾、运动衣及饮用水等，筐的尺寸长约80厘米，宽约60厘米，高30厘米，要能容下球拍袋和一般的运动包。单打比赛时在主裁判椅的两侧各放置一个，双打比赛时在主裁判椅的两侧各放置两个。

9. 羽毛球场地的暂停标志尺寸是多少？

暂停标志的高度约为50厘米，圆锥体、三角形或四面体均可，主要是醒目和便于发球裁判挪放。

10. 量网尺尺寸是多少？

量网尺是宽4厘米、长1.70米的木质或铝合金制的直尺，在1.524米和1.55米处画有标记。

11. 使用羽毛球比分显示器需要注意什么？

羽毛球比分显示器的分数应由0～30组成，局由0～2组成，场分由0～5组成。简易的比分显示器可以用手翻动。正式的比赛，电子记分显示器是理想的选择。分数显示器的灯光亮度不能太大，以免影响运动员的视觉。

12. 羽毛球比赛中有哪些辅助器材？

主裁判椅、发球裁判椅、司线员椅、衣物筐、放球箱、干拖把、暂停标志、量网尺、记分垫板、比分显示器。

13. 如何挑选一款入门级的羽毛球拍？

羽毛球拍价格：新手使用的羽毛球拍价格最好为100～300元，质量有保证，价格也比较好接受。

羽毛球拍品牌：选择国内外知名品牌的初级入门系列即可，比如国际品牌尤尼克斯，它的初级系列在200元左右，国内的李宁、凯胜（中国国家青年队用拍）等品牌也很不错，非常适合新手。

羽毛球拍的性能：对于业余新手来说，羽毛球拍拍杆最好较软，这样可帮助新手充分发力，球拍的平衡点最好在中部，这样打起来会让新手更舒适。球拍的平衡点最好处于285毫米处，这样的球拍属于攻守兼备型。

羽毛球拍的拉线：新拍第一次拉线建议为20～23磅，如果磅数太高，弹性小，新手打不到后场，而且拍线易断，两支拍子碰撞时，往往拉线磅数高的拍子易"牺牲"；磅数太低，则控球不准确，击球有"滞后、粘连"的感觉。

羽毛球拍的手柄胶：手柄胶起到防滑、吸汗等作用，可以大幅增强手感及手指对球拍的控制力，还可以调整拍柄的大小。手柄胶主要分为皮柄胶与毛巾胶，建议新手选择皮柄胶。

14. 如何挑选好的羽毛球拍？

看球拍的材质：球拍的材质有很多种，以前的球拍基本上是木材、钢管、铝合金的，现在一般都采用碳纤维、钛合金、高强度碳纤维等较轻、较耐用的材质。可在拍杆或拍框上查看具体材质。

看球拍的拉线：拉线的衡量标准是弹性，好的拉线弹性较好，但拉线的选择还是要根据自己的情况而定，一般非专业不必买弹性太好的，因为弹性好的拉线比较细，坏得比较快。

看球拍的做工：首先查看球拍的丝印和涂装，好的球拍一般比较精致、不会掉色，差的球拍有时候会有沙粒凸显，而且很容易掉色。然后查看握拍胶有没有破损及穿线孔胶粒是否缺少、破损。最后查看拍框有没有裂纹、气孔。

看球拍的连接处：可把球拍放在桌面上，下蹲，让视线与球拍平行，仔细查看握手与拍杆连接处、拍杆与拍框连接处是否正直，如果有一点倾斜说明是次品。然后扭转几下连接处，以查看是否有松动现象，如果有松动现象，最好也不要选择。

试下球拍的弹性：首先挥动一下球拍，如果震手，说明拍杆材质太硬，不震手则说明拍杆有弹性。其次把球拍放置在桌子上，拍杆拍框伸出桌面，用手拉下拍框头部，然后观察球拍的弹动情况，上下弹动次数较多是好拍，如出现左右摆动，说明球拍稍微次一点。

选择合适重量的球拍：球拍的重量不同，击球的效果也不同，拍子如果过轻，会提高击球速度，但会减小击球力量。所以攻击型打法应选择中等硬度的球拍，防守型打法则可选择较轻的球拍。

看球拍是否有弯曲：仔细观察拍杆、拍框，看是否有弯曲、磕碰的地方。

15. 各类羽毛球拍有什么特性？

球拍类型	球速更快	甜区更大	扭力更小	更灵活	更减震	方向更好控制	深度更好控制
方形拍头		√			√		√
翼形截面	√		√				√
箱形截面					√		
内置接头			√	√		√	
拍杆较硬				√		√	
拍杆较软	√						√
拍头较重	√						√
拍头较轻				√			
拍线磅数较低	√	√					
拍线磅数较高							√

16. 高刚性碳纤维与普通碳纤维的区别是什么？

高刚性碳纤维的球拍由于碳纤维的弹性模量较高，碳纤维在受力状态下变形量较小。对于拍框而言，拍框的刚性越好击球时就不易发生变形和扭动，球拍可以获得较稳定的刚性和抗扭性并可承受较高的力量，球拍击球后对球飞行的方向控制稳定性较好。

17. 羽毛球拍软硬度与手柄大小会影响手臂健康吗？

羽毛球拍的拍柄大小是用"G"来分辨的，分为G0到G5，数字越大，拍柄越细越轻。一般在亚洲国家G4、G5较多，欧美国家G3较多，这是由运动员不同的生理特征决定的。拍柄大小要根据自身情况而定，如果球拍的握把太小，当球没有打到甜区时，球拍的扭力就较大，对手臂的伤害会越大。握把太大则手掌抓不牢球拍，容易疲劳。

另外还有球拍中杆的硬度，拍杆硬度大，要求球员有一定的肌肉强度，用爆发力击球，如果使用蛮力击球会使手臂更容易疲劳，也更易于受伤。拍杆硬度小的球拍具有一定的弹性，可以借力，不需要太多的力量就能把球打得比较远，手臂不容易受伤。

18. 羽毛球拍的拍形有哪几种？

①卵形：是最常见、传统的形状；②ISO拍形：头部是方形的；③ISO加大形：弦面比一般的ISO形更大；④大榔头形：是从Wilson的网拍移植过来的，拍框上宽下小，性能差，用量非常小。

19. 什么是羽毛球拍的甜区？

球拍挥击羽毛球最佳接触位置。如果用羽毛球拍的甜区挥击羽毛球将会产生最大的击球威力，控球性、稳定性都会很好，球员更容易打出高质量的球。

20. 羽毛球拍的拍形与甜区有关系吗？

羽毛球拍的拍形越大甜区就越大。ISO的甜区比传统拍形甜区要大，大约大32%，ISO加大形的甜区比普通的ISO要大些，但不是甜区越大越好，因为羽毛球拍的参数不只有甜区，还有羽毛球拍的平衡点、硬度，如果甜区越大，那么拍形就会越大，质量也就越大，就会影响羽毛球拍的平衡点，会产生负面影响。

21. 女性适合使用什么样的球拍？

如今打羽毛球的女性越来越多，羽毛球作为一项非常适合女性的运动，不但可以帮助女性修养身心，还能帮助女性塑身纤体。女性可选择极限凤凰系列、轻羽系列、波力鸟缺公主拍。

22. YONEX羽拍不同版本的质量有什么区别？

版本只表示代理商，跟产地没有关系，如SP是新加坡，CH是中国，其中新加坡代理管辖的国家有新加坡、印尼、马来西亚等，故拍杆上是SP，而柄锥上钢号后面是SP、IP、HK、MA等，各个版本球拍外观、做工没有差别，有差别的也只是批次。

23. 某些符号代表着什么含义？

YONEX鞋型号上的SHB、SHT，其中SH是鞋"SHOES"，B是羽毛球"BADMINTON"，T是网球"TENNIS"；型号后面如有C，表示中国版本，如SHB-56C/57C鞋、AC-482C双护腕等；衣服型号前面如有TW，表示网球服装"TENNIS WEAR"；后面有些会有男"MEN'S"、女"LADIES"，没有或有UNI表示不分男女；运动包BAG，如BAG-2420-BT3，BT表示羽毛球，3是3支装；BAG-2420-TT6，TT表示网球，6是6支装，后面有PRO的，表示专业版。

24. 选购VICTOR胜利羽毛球拍的要领是什么？

（1）球拍握柄：VICTOR统一采用适合国人使用的G2尺寸木质握柄，包以吸汗性强、防滑、耐磨、柔软舒适的PU柄皮（如较大尺寸的握柄，可于原柄皮加一层0.75毫米的柄皮即可）。

（2）球拍重量：（空拍）VICTOR球拍目前已经和YONEX一样，以U为重量单位，有2U（91克以上）、3U（85～90克）、4U（81～84克），最通用的重量为3U，适合绝大多数成年人使用。2U通常用于腕力强、穿线磅数高、攻击型球员；4U通常用于攻防型球员和控球型球员。

（3）中管弹性（软硬度 FLEX）：VICTOR羽毛球拍在拍杆上一般都标示出硬度。越接近Flexible 的中管越软，适合技巧型球员，如控球、打小球、力量较弱的选手，反之拍杆越硬，越适合攻击型球员。

（4）球拍平衡点（碳拍）：根据力学原理，羽毛球拍空拍的平衡点一般为28～29厘米。平衡点靠后（低于28厘米），拍头轻，挥拍灵活，但是大力扣杀容易出现击球无力的现象；平衡点靠前（高于29厘米），则拍头重，球拍杀球有力，但灵活性欠缺。VICTOR依据此原理，精确控制每个球拍的平衡点，根据不同球拍的特点配置平衡点，形成鲜明的球拍攻击特征。

（5）传统型球拍为尖头蛋型，球拍长度为66.5±0.2厘米，为标准型球拍。

（6）目前主流型号：平头球拍长度均为67.5±0.2厘米，为新型加长型球拍。目前主流型号基本都是加长型，能够发挥更大威力。

工欲善其事，必先利其器。练习者应该根据个人的身体状况、年龄、打法等因素，选购适合自己的VICTOR羽毛球拍。

25. 羽毛球拍杆上的硬度标识表示什么？

8.0～8.5表示硬，适合专业选手使用；8.5～9.0表示中硬，适合业余高手使用；9.0～9.5表示中柔，适合一般业余选手和初学者；9.5以上表示柔软，适合初学者中的女生。

26. 羽毛球拍基本参数详情有哪些？

（1）U。一般的羽球拍在说明资料里都会用U来表示重量，具体重量：4U是80～84克，3U是85～89克，2U是90～94克，U是95～99克，封顶100克。

（2）羽毛球拍平衡点。相同质量标志的球拍拿在手里感觉为什么会不同？这涉及一个平衡点的问题，如果羽毛球拍的平衡点靠近拍头，则感觉到头部较重，如果球拍的平衡点更靠近拍柄，则感觉到头部较轻。平衡点是从球拍底部开始量，单位是厘米或英寸。头重的球拍由于拍头惯性更大，打出的球更有力量但挥拍灵活性略差，更适用于进攻。头轻的球拍虽然较为灵活，但打出的球力量较小，而且球拍传递的震动也会较大，不适用于大力击球的球员，更适合防守控制型球员。为了精确控制平衡点，一般会通过改变拍柄的质量来达到对平衡点的控制。

（3）羽毛球拍加长型。标准羽拍的长度为664毫米，加长型羽毛球拍比标准长度加长10毫米。加长的最主要部分为拍杆，有一些型号的拍头也有些许加长。加长型球拍击球点比较高，对提高进攻有一定的帮助。

27. 高磅数拉线能帮助打出好的高远球和增加杀球的力度吗？

球拍拉线磅数的高低直接影响球拍击球的弹性。每一款球线都有它最高可拉磅数和最佳弹性磅数。通常最佳弹性磅数在20磅左右，也就是18~22磅。拉线的磅数提高后，弹力不是按正比提高。当拉线的磅数达到30磅时，整个球拍面绷得似一块硬木板或铁板。

要打出好的高远球和杀球，手中的球拍是一个因素，采用适合自己的拉线磅数又是一个重要的因素。但更重要的是基本功的训练，如力量的训练和正确掌握击球的时机，球与身体的相对位置、球拍触球的区域和爆发力的使用等。

28. 如何延长球拍的使用时间？

避免球拍碰撞；注意球拍清洁；避免高温、低温，防止变形；长期不使用时将球线去掉，防止变形；定期检查球拍护线孔；换出破损护线孔，防止拉线时受力不均；球拍穿线时找专业穿线师，以防因穿线不当导致球拍受损。

29. 球拍出现断损时应如何处理？

对于轻微磕碰，检查球拍是否损坏，如无损坏则不必在意，出现明显断损且球拍结构尚且完整的不必丢弃，可找相关球拍修复师傅进行重熔修复，如出现了严重残损，球拍结构不全的不能随意丢弃，注意相关的废品存放点，以免造成意外扎伤。

30. 如何选购YONEX（YY）羽毛球线？

目前市场上最常用的羽毛球线是YONEX系列的BG拍线。下面对常见的几种YONEX拍线的性能和特点做一个大致的介绍。其中性能特点部分的评价只限于此几种拍线之间的比较，不代表与其他拍线之间的比较结果。

（1）YONEX BG65羽毛球线：市场上销量最大的拍线。0.70毫米的线径，线芯材料为多层树脂，外层材料为化学合成树脂编束纤维，耐磨性及经济性极佳，缺点是弹性一般。弹性：较差；击球感：较柔；吸震性：较差；控制性：较差；耐久性：较好。林丹以前用的就是YY BG-65线。

（2）YONEX BG70羽毛球线：0.70毫米的线径，线芯材料为多层树脂，外层材料为卵形化学合成树脂编束纤维，使其长期保持稳定的羽线张力，最适合大力击球者。弹性：中等；击球感：中柔；吸震性：较差；控制性：较差；耐久性：中等。

（3）YONEX BG80羽毛球线：0.68毫米的线径，线芯材料为新型高系数"VECTRAN"纤维，外层材料为卵形树脂编束纤维，击球时具有极佳的弹性及爆发力，综合性能好，大力杀球效果极佳。弹性：较好；击球感：中柔；吸震性：较差；控制性：较差；耐久性：较好。

（4）YONEX BG85羽毛球线：0.67毫米的线径，线芯材料为新型高系数"VECTRAN"纤维，外层材料为多层树脂编束纤维，弹性好，高速击球感硬而有力，大力抽击效果极佳，缺点是寿命较短。弹性：较好；击球感：较柔；吸震性：中等；控制性：中等；耐久性：较差。

（5）YONEX BG65TI羽毛球线：0.70毫米线径的钛线，线芯材料为化学合成多层树脂，外层材料为树脂编束纤维，纤维表面采用新型氢钛合金涂覆技术，弹性持久、耐磨性极佳、击球感坚硬有力，适合较高的羽线拉力。弹性：中等；击球感：最硬；吸震性：较差；控制性：较差；耐久性：中等。

（6）YONEX BG68TI羽毛球线：0.68毫米线径的钛线，线芯材料为化学合成多层树脂，外层材料为树脂编束纤维，纤维表面采用新型高密度氢钛合金涂覆技术，弹性好、击球感坚硬有力，缺点是寿命一般。弹性：最佳；击球感：中柔；吸震性：中等；控制性：中等；耐久性：较差。

（7）YONEX NBG95羽毛球线：0.69毫米的线径，采用独特的纳米级碳素复合纤维，使拍线表面横、竖线交叉部分的凹度减少15%，获得高反弹力和高耐用度的统一。弹性：较好；击球感：中柔；吸震性：较差；控制性：较差；耐久性：较好。

31. 怎样选择拍弦？

比较高级的羽毛球拍一般都没有上拍弦，而是让人们根据自己的情况来配制适宜的弦并控制上弦的松紧度。拍弦的种类有羊肠弦、尼龙弦、牛筋弦和化纤羊肠合成弦四种。

32. 如何选择适合自己磅数的羽毛球拍?

羽毛球拍拉线磅数参考		
技术阶段	男士	女士
业余初级、入门级	20~22磅	19~21磅
级阶、中级	23~26磅	22~24磅
进阶、高级	27~30磅	25~27磅

33. 羽毛球拍的磅数高意味着什么?

（1）高磅击球响亮，达到这一点的客观原因是发力要非常集中且同时击中球拍甜区，主观原因是球拍的磅数越高这个声音的亮度就越好。

（2）高磅的线床稳定性更强。

（3）打高远球的话，一般人打会很吃力，懂发力的人则相反，会打出比低磅数更有力、更快的球。

（4）用高磅数的球拍杀球的球速会比低磅数的球拍快，但有前提条件，请参考第（1）点。

（5）吊球方面，与低磅数球拍相比，使用高磅数球拍的手感会有提升，在姿势正确的前提下，指哪打哪。

（6）放网前球时，由于高磅数的拍子放网前球没低磅数的拍子弹得那么高，所以提高了可控性。

34. 哪些原因会导致羽毛球拍断线?

线的粗细、线材料、线的硬度、磅数的高低、打球者力量、打球的次数和间隔时间、球的重量、拍子框架硬度、气候。

35. 怎样处理羽毛球拍断线的问题?

（1）降低磅数，减少一磅对于业余选手而言影响不是很大；

（2）换成粗线，粗线会比较耐打，但是会牺牲掉一些手感；

（3）刚开始打球时尽量少杀球或对拉后场；

（4）断线后，立刻把所有的线剪断，避免拍子因受力不均衡而变形。

36. 如何保养羽毛球线？

保养拍线首先要适当提高湿度，可以在打球之前的30分钟左右，用稍微潮湿的布擦一下拍线，顺便把拍框位置也擦一下，对保养球拍有一定作用。另外，在北方室外温度为0℃甚至更低的季节，建议适当降低磅数。

37. 羽毛球拍总走线是什么原因？

（1）可能存在的客观原因：①穿线磅数不匹配击球力量，可以考虑下次穿线时拉高两三磅，因为磅数越高，横线与竖线之间会咬得越紧；②如果走的大部分是竖线，尤其是中间的几条走得比较严重的话，可以审视一下开始的几条竖线的穿线流程是不是不合规范。较细或较滑的线，横线与竖线的接触面积稍小，线与线之间的摩擦力比较小，在外力的作用下容易走位。较细、较滑的线也容易掉磅。这种情况下可以考虑一些稍粗、线表面有磨砂工艺的线，如YONEX的BG80等。

（2）可能存在的主观原因：①对于高手来说，在大力劈杀技术用得比较多的情况下，容易发生走线；②在初学者中，这种情况也较常见，如握拍不正确，没有让拇指与食指形成对正拍面的感受能力，或步法凌乱；③一些处于进步过程的球友，开始有意识地跟与自己水平差不多的球友对抗，或者经常挑战更高水平的球友，此时就会出现被对方逼到被动的局面，而被迫频繁变换正反手握拍或在身体后方处理被动球等，都会造成发力大但拍面没有转正的切击现象。

38. 球线的保存期限有多久？

不管是羽球线还是网球线，都需要在避光、干燥的环境中保存，尤其是羽球线。一般来说球线的保存期限为两年，时间过长球线内部会产生变化，影响使用寿命。

39. 羽毛球手胶有哪几种？

羽毛球手胶又称柄皮或吸汗带，主要功能是防滑和吸汗，对于手也具有很好的保护作用，因此要勤于更换，注意个人卫生。我们常说的手胶按材质粗糙程度分为两大类：毛巾胶和布胶；按用途大致分为三类：握把胶、外握把胶、毛巾握把布，一般我们说手胶都是说外握把胶。

40. 什么是握把胶？

握把胶是直接缠绕在球拍木柄上的握把胶，主要功能是保护球拍木柄并提供防滑、吸汗等基本功能。使用时要把球拍原有握把胶剥掉，把握把胶直接缠绕在木柄上。

41. 什么是外握把胶？

外握把胶是缠绕在握把胶外层的握把胶，主要功能是满足球员对防滑、吸汗、打感、舒适等性能的要求。使用时直接缠绕在握把胶上，如果想使手柄更粗，可使用以下方法。

方法一：叠加缠绕法，在缠绕时加大握把胶重叠的面积。

方法二：再裹一条外握把胶。

42. 什么是毛巾握把布？

毛巾握把布是指直接缠绕在木柄上的含棉成分极高的棉质握把胶，有较好的舒适性和强吸水性。使用时要把球拍原有握把胶剥掉，把毛巾握把布直接缠绕在木柄上。

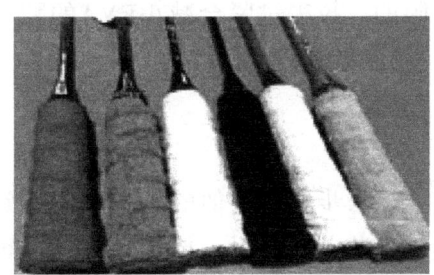

43. 如何选择适合自己的手胶？

手胶，学名为柄皮。新球拍的手柄处，除掉外包的塑料膜，有一层薄薄的黑色胶带，这是内柄皮，直接缠绕在球拍握柄处，防止球拍柄内的材料遭受汗水、空气等的损害，延长球拍握柄的寿命，防水性不错，透气性、吸汗性差。外柄皮，也就是通常所说的手胶，则是缠在球拍外侧，用来隔绝手与内柄皮的接触，握拍时更舒适，吸汗、防滑，分为毛巾胶和固胶两种，两者差别不大。

44. 如何缠龙骨手胶？

所谓"龙骨吸汗带"，其实就是在普通平面吸汗带基础上增加EVA条得来的，与平面吸汗带相比，龙骨吸汗带具有减小击球震动和增加一定摩擦力的作用，另外，也有调节手柄尺寸的作用。

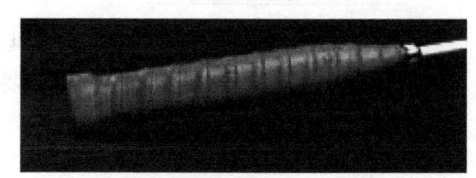

斜边结束后开始向上缠绕，由于底托和木柄直径不同，在最开始的两圈需要拉紧一些，否则就会出现图中箭头指示的褶皱，影响美观和手感。

开始缠绕三圈后，进入包裹木柄阶段，在这个阶段要保持较小的力度缠绕，因为EVA条的弹性是有限的，拉得过紧会减小EVA的膨胀空间进而影响减震效果。

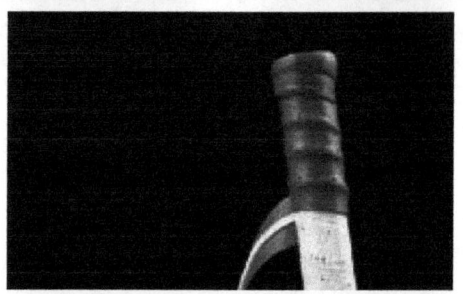

与步骤二类似的是，当缠绕到手柄前套阶段时，要加大力度，否则因为直径的变化，吸汗带在此也会出现褶皱。

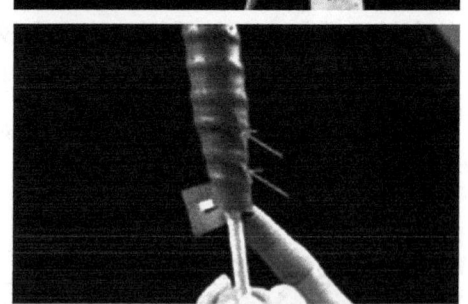

对于球拍收尾，我们建议缠绕到手柄前套的顶端，将最后2厘米吸汗带对折后缠绕，能达到最好的美观效果。

在缠绕封口条的时候，建议加力将胶条拉伸一定长度，并用力缠紧，以达到最好的效果，高品质吸汗带的封口条具有良好的弹性，可拉伸超过15%而不断。

45. 如何缠毛巾胶？

以右手持拍为例，首先要将木手柄上底胶移除，防止手汗影响木制手柄的寿命，可以用电工胶布或医用胶布打个底，电工胶布的优点是几乎不影响握柄的粗细，医用胶布的优点是可以调节握柄过细的问题。

一般通用缠法：从大盘毛巾胶上截取长度约为一个拍长的毛巾胶，剪一个长为10~15厘米的尖角出来，用于缠起头部分。

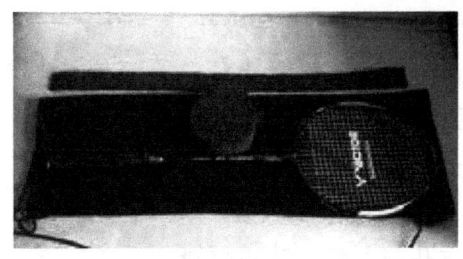

由拍柄下端开始向拍头方向缠，每一圈之间重叠的部分以双面胶不重叠为限。

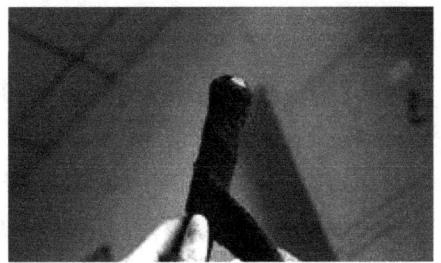

缠至拍椎处，剪成如图的形状并将剩余的尖角粘好，如果觉得不太踏实，可以用封口胶或电工胶布固定好。

46. 如何保养手胶？

秋冬季节手汗会增多，容易弄湿手胶，手胶在汗水长期的"滋润"下会变质，发出异味。如果不想常更换手胶，每次打完球可以用电吹风把手胶吹干，或把球拍挂起来让手胶自然风干。

47. 吸汗带有什么特点？

磨砂、滑面、龙骨、毛巾是目前市面上最常见的四种吸汗带。

（1）磨砂吸汗带：表面为磨砂质地，较厚，是大量出汗者的福音。缺点是摩擦力大，不够灵活，专业选手甚少使用。

（2）滑面吸汗带：一般较薄，表面光滑，摩擦力小，较灵活。滑面吸汗带分为干性、黏性两种。干性吸汗性较强，黏性手感更佳。

（3）龙骨吸汗带：在吸汗带中间加有凸起龙骨，防止打滑。

（4）毛巾吸汗带：适合大量出汗的人使用。很多人习惯去掉底胶加缓冲膜再缠毛巾胶。

48. 羽毛球球头有哪些分类？

羽毛球球头分为四大类：泡沫球头、双拼球头、三拼球头、全天然软木球头。

（1）泡沫球头一般用于比较低级的球，也不多见，就是一个白白的泡沫。

（2）双拼球头是最常见的，一般是双拼小颗粒再生软木球头，球头前半部分是小颗粒软木用胶水粘合起来，模仿传统的天然软木，以达到天然软木的强度，后半部分为台纤，一般表示为"小颗粒再生软木双拼球头，××mm台纤"，××代表台纤的厚度；双拼球头还有的就是软木双拼，前半部分为天然软木，后半部分为台纤；一般表示为"天然软木双拼球头，××mm台纤"，××代表台纤的厚度。

（3）三拼球头一般为天然软木+台纤+天然软木，所以表示为$X+Y+Z$天然软木三拼球头，X代表上部天然软木厚度，Y代表中部台纤厚度，Z代表底部天然软木厚度。

（4）全天然软木球头一般在顶级的鹅毛球中才采用。球毛的分类为鹅毛球、鸭毛球和尼龙球，国内常见的是鸭毛球和鹅毛球，尼龙球在国外比较流行，也不需要毛片。

49. 判断羽毛球的质量有哪些标准？

毛色洁白；羽毛细密整齐，各个羽毛一致性好；羽毛排列角度整齐，羽毛主干较直，有一定硬度；羽毛开口圆度好，大小标准；羽毛杆粘接牢固，与球托粘接牢固；羽毛整体与球托同轴性好；球托紧密不松软，球度标准，内部涂胶少；球整体重量合适，重量分配合理。好的羽毛球打起来应该手感很好，不坠手。击球清脆，出球快而稳，减速适中。飞行旋转平稳，不晃动。回头快而准，方向性好。

50. 怎样区别羽毛球的左毛球和右毛球？

羽毛球存在左毛球和右毛球的区别。一般来说，左毛球的飞行和手感及外观都比右毛球好。

羽毛的窄边在球的外侧，说明这是一个右毛球。

从飞行效果来看，左毛球比右毛球好。因为左毛球毛叶满的那一半在球的外侧，飞行时16根羽毛能平均分担空气阻力，受力均匀；但右毛球由于窄边在外侧，飞行时空气有可能透过毛叶进入球内侧，造成整球飞行时受力不均，球在空中的转速不匀，落地时也会有所偏差。

从外观来看，左毛球的外观更好看。由于左毛球毛片大的部分在球的外面，整体看起来整齐美观，而且手感更好，但球的成本也高。

51. 怎么保养羽毛球可以让羽毛球更耐打？

（1）增加羽毛的湿度。湿度大时比较耐打，湿度小时很容易断毛，在干燥的环境中鹅毛球也会很脆。羽毛球的羽毛很容易断是因为羽毛球放在球筒里，时间长了就会变得很干燥，羽毛部分很脆，所以容易被打断。

（2）用蒸汽蒸羽毛球。

①开水蒸汽。在打球前将一边球筒盖打开，让开水的蒸汽进入球筒，让羽毛充分吸收一些水汽，然后盖上盖子，等打球的时候拿出来就可以了。当然，用蒸汽蒸后，球会增加一定的重量，使飞行速度变快一点，但改变不会太大。用蒸汽蒸后，第二天再用效果是最好的。

②浴室蒸汽。将待打的球放在浴室里，洗澡时产生的水蒸汽使羽毛球湿润，效果也不错。

（3）甘油浸泡。买一些甘油，稀释成50%的水溶液，倒进一个口径比羽毛球略大的浅杯子里，高度大约是3厘米（羽毛球上部未上胶部分的高度）。然后将羽毛球倒着放入，让羽毛球上部的毛片浸入甘油水溶液中，每只球须浸3～5分钟，之后取出羽毛球，抖去较大颗粒的液珠（直径1毫米左右的液珠保留无妨，会自然吸收），把球放入球筒，一般2～3天后即可使用。

52. 羽毛球拍如何穿线？

上机前检：

（1）高张力的拍线对拍框线孔胶粒的消耗非常严重，拉线前一定要仔细检查，损坏的线孔胶粒要立刻更换。

（2）超高张力的球拍，拍框在受到硬物碰击后，很可能会产生不易察觉的结构隐患。在处理这些球拍时（尤其在剪线时），一定要远离人的脸部，以免球拍破裂的振击对人身（尤其是眼睛）造成意外伤害。

（3）若发现或怀疑球拍有任何结构隐患，绝对不要再冒险尝试拉高张力，否则很可能导致不可修复的恶劣后果。

上机：

（1）必须按接线机说明书的要求将拍框夹紧在"6夹点式"拍框固定夹盘上，并要求夹盘带有"基本平面自校准设计"。

（2）拍头支柱建议使用经过改良的"3指式"减压支柱，以消除因高张力拉线而产生的过高压力导致拍框头部内侧的凹陷。

（3）球拍夹稳时不得用力过大，这将导致拍框产生"领先变形"，否则必须重新调整夹盘夹具。

穿线顺序：

（1）高张力拉线时的穿线顺序和正常张力接线的要求是一致的。

（2）拉横线时的特别处理：由于拍框头部的五条横线和底部的四条横线的长度相对较短，在高拉力的情况下拍线会过早失效。为改善这九条横线对击球甜区反弹性的贡献，头部的五条横线的拉线张力无须高于25磅，底部四条横线的拉线张力无须高于28磅。经过这种特别的减磅处理，有助于扩大击球甜区的面积，还可以提高拍线的响应性能和耐用性。

53. 为什么羽毛球拍穿线时横线要比纵线高1~2磅？

羽毛球拍穿线是从穿纵线开始的。比如拍子要拉25磅的拍线，那么拉线师拉纵线时拉23磅，纵线拉好了以后，便开始拉横线。这时，横线拉力就要提高到25磅。当横线拉紧到25磅时，纵线被横线顶弯曲，纵线有被拉长的趋势，以至于纵线的张力被进一步提高，也接近了25磅。因此，当羽毛球拍线全部穿好了以后，纵线不再是原来的23磅了，而和横线接近，也应该达到25磅。我们说拍子是25磅，实际上指的是拉横线的磅数。

54. 如何选购羽毛球球衣？

在夏季和冬季购买羽毛球球衣时最好选择具有特殊功能性纤维或竹炭纤维材料的运动服。夏季不要选择涤棉的衣服，涤棉的衣服虽然比纯棉舒服很多，但天气炎热的时候还是会出现与纯棉服装不一样的效果；冬季如果不是在非常温暖的地区，选择涤棉服装会提高保暖性能。不要选择过于贴身的衣服，过于贴身的衣服有可能限制球员的运动范围，打球的时候会不太舒服，要选择轻量化服装。

55. 如何选购羽毛球鞋？

第一，鞋底的防滑性。我们使用的场地一般是木地板或PU地板，尤其以木地板为多。木地板相对比较滑，而羽毛球运动中又充满了急速的起动、转身、撤步、停止等动作，所以羽毛球鞋的防滑性能是第一位的。

第二，鞋头部位的柔软性。因为羽毛球上网动作特别多，上网最后一步制动时，脚趾必然会顶到鞋头部位，所以羽毛球鞋的这个部位都是用很柔软的材料制成，形状也都是很保守的圆形，以保证脚趾不受伤害。

第三，鞋垫的减震和防滑。专业的运动鞋都必须具有减震的性能。

第四，对脚弓的保护。羽毛球运动强度很大，如果鞋底强度不够，很容易损坏，而且会对脚弓造成伤害。

第五，鞋面透气性。羽毛球鞋通常通过鞋舌、鞋侧面甚至鞋的脚面部位来加强透气性。

56. 如何保养羽毛球鞋？

（1）定期清洁，用湿布轻轻擦拭，注意不要用太多的水，不要用刷子猛刷，避免破坏运动鞋的皮革和网布表面，清洁后将鞋面擦干并放置在阴凉通风处。

（2）避免鞋子浸水、曝晒，切忌使用暖气或明火烘烤，以免导致鞋子老化、开胶、褪色、严重变形或鞋面断裂。过量的太阳直射、吹风机的热气及不当的护理方法都会减少鞋子的使用寿命。

（3）如果运动鞋不穿时，清洁干净后放置在阴凉通风处存放，好让鞋子有充分的时间晾干，以免发生霉变。将鞋头朝下、鞋底朝墙，在常温下通风处晾干，这样能防止水浸入鞋底发泡材料。

（4）专鞋专用。

（5）羽毛球鞋垫为消耗品，经过长时间的激烈运动会使该有的弹性降低，因此最好及时地更换新鞋垫来保护双脚。

（6）经常打球的羽毛球爱好者尽可能有两双以上可替换的鞋，这样可以延长鞋子的使用寿命，尽可能少洗。

第二篇

羽毛球运动技术问答

Q1 羽毛球握拍法有哪些？

羽毛球拍握法正确与否，对于掌握和提高羽毛球技术有着重要的影响。羽毛球技术中的握拍和指法是多种多样的，但是基本的握拍法有两种，即正手握拍法和反手握拍法。

（1）正手握拍法：虎口对着拍柄窄面的小棱边，拇指和食指贴在拍柄的两个宽面上，食指和中指稍分开，中指、无名指和小指并拢握住拍柄，掌心不要紧贴，拍柄端与近腕部的小鱼际肌齐平，拍面基本与地面垂直。正手发球、右场区各种击球及左场区头顶击球等一般都采用这种握法（以右手握拍者为例）。

（2）反手握拍法：在正手握拍的基础上，拇指和食指将拍柄稍向外转，拇指顶点在拍柄内侧的宽面上或内侧棱上，中指、无名指和小指并拢握住拍柄，柄端靠近小指根部，使掌心留有空隙。球拍斜侧向身体左侧，拍面稍后仰。一般来说，击身体左侧的来球，大都先转体（背对网），然后用反手握拍法击球。

（3）握拍的灵活性。

①正手网前搓球的握拍：在正手握拍的基础上，拇指、食指、中指和无名指稍松开，使拍柄离开掌心，拇指斜贴在拍柄内侧的上小棱边上，食指稍前伸，使第二指节斜贴在拍柄。

②反手网前搓球的握拍：在正手握拍的基础上，拇指、食指、中指和无名指稍松开，拍柄离开掌心的同时球拍稍向内转，拇指贴在拍柄内侧的上小棱边上，食指第三关节贴在拍柄外侧的下小棱边上。

③正手接杀球勾对角网前球的握拍：在正手握拍的基础上，拍柄稍向外

转，拇指斜贴在拍柄内侧的宽面上，食指第二指关节和其他三指的指根贴在拍柄外侧的宽面上，拍柄不贴掌心。

④反手接杀球勾对角网前球的握拍：在正手握拍的基础上，拇指、食指、中指和无名指稍松开，拍柄离开掌心，同时将拍柄向内转动，拇指第二指关节的内侧贴在拍柄内侧的上小棱边上，食指第二指关节贴在拍柄的下中宽面上，其余三指自然抓在下中宽面和拍柄内侧的宽面上。

2. 比赛中怎样准确判断对方来球？

（1）要看对方击球时的站位：对方击球时的站位基本有三种情况，一是网前，二是中场，三是后场。如果对方在网前击球，球与本场距离短，落到本场区所需时间少，速度就快；如果在后场击球，球与本场距离远，球落到本场区所需时间要长，速度就慢。

（2）要看击球点的高低：击球点高于网时，来球的速度大部分较快，因对方从上向下击球，可以杀也可以吊，而且能打到前场，又能打到中场和后场，击球时也能用上力，所以来球速度会快；击球点低于网，因其发力受到限制，击球方法受到限制，所以来球速度大部分不太快。

（3）要看运动员击球时的发力：力量是球产生速度的根源，运动员击球时，引拍动作大，击球时将全部力作用在球上，这时球的速度就会快。若轻轻击球，球的速度就要慢些。有些运动员假动作比较多，因此在运动员击球时，重要的一点是看球拍触球刹那的用力情况，切不可被其击球前的假动作所迷惑。

（4）看球从球拍弹出的速度、方向：球从球拍弹出的速度快，则球在空中飞行的速度也快，来球的速度也可能快；看球从球拍弹出的速度较慢，则球飞行的速度就慢，来球的速度亦可能慢。出球的方向决定了弧线的高低。弧线曲度大，来球速度就慢，相反，弧线曲度小，来球速度就快。从出球方向还可看出是斜线还是直线。一般来讲，来球是斜线要比来球是直线慢。

3. 羽毛球的反手技巧有哪些？

（1）回球力度。在底线回反手球时，一定要注意力量的掌握，在明确自己的意图之后，要用合适的力量来回球，回网前球时，经常会出现落网的现象，在回底线球时，经常会出现回球出界的现象，反手不如正手，正手的准确度相对较高，而反手球对于大多数人来说并不能熟练掌握，所以把握好回球力度非常重要。注意回原位，在打每一个球时都对对手的回球做了预判，但还是需要随时回原位，这样虽然浪费体力但是可以掌握球场所有面积，也可以随机应变。

（2）切勿高跳接反手球。回底线球时最好不要高跳，主要原因是一跳一落的时间相对比较长，而如果用的是跳接反手球的话，经常会出现对手回球过网时自己还无法回到原位，所以一定要注意不要轻易使用高跳反手球。

（3）回球角度。重点观察回球的角度和质量的高低，不光要看对手是否可以把球回过网，还要看对手的回球你是否可以舒服地接到、是否可以进行有力的二次进攻，建议多针对对手的弱点（比如对手不习惯反手就拼命让他使用反手）。

（4）注意对手位置。对手的位置会直接影响自己的回球落地位置，只有了解对手的位置才可以向他最难接球的地点回球。如果对手在底线，可以轻回网前球，如果其在网前，可以放底线球。

Q4. 羽毛球最基本的技术有哪些？

羽毛球技术分为前场技术、中场技术、后场技术，其中前场技术主要有搓（放）球、推球、勾对角球、挑球；中场技术主要有抽、挡；后场技术主要有高远球、吊球、杀球。

Q5. 羽毛球有哪些最基本的技战术组合？

杀球上网、吊球上网、对击高远球结合吊球、对击高远球结合杀球。

Q6. 羽毛球运动中有哪些最基本的步法？

并步、蹬跨步、交叉步、垫步、腾跳步。

Q7. 高远球的技术要点是什么？

高远球的特点是球的弧线高、滞空时间长，它的作用是逼迫对方远离中心位置退到底线去接球，一方面可减弱对方进攻的威力，为我方进攻寻找机会，另一方面在己方被动的情况下，有较多的时间来调整站位，摆脱被动局面。正手击高远球可以用不起跳或起跳进行击球。后者是为了争取高点击球，以赢得时间上的主动，但对步法技术和体力要求较高。首先判断来球的方向和落点，侧身后退使球在自己右肩稍前上方的位置，左肩对网，左脚在前，右脚在后，重心在右脚上，左臂屈肘，左手自然高举，右手持拍，臂自然弯曲，将球拍举在右肩上方，两眼注视来球。击球时，由准备动作开始，上臂后引，随之关节上提明显高于肩部，将球拍后引至头后，自然伸腕（拳心朝上），然后在后脚蹬地、转体和腰腹的协调用力下，以肩为轴，上臂带动前臂快速向前上方甩动手腕，在手臂伸直的最高点击球。击球后，持拍手臂顺惯性往前下方挥动并收拍至体前。与此同时，左脚后撤，右脚向前迈出，身体重心由后脚移到前脚。

8. 什么是羽毛球吊球？

使球越过网顶后即失速往下坠落在对方前发球线附近，叫吊球。它是后场进攻的主要技术之一。吊球有快吊（劈吊）、慢吊（轻吊）和拦截吊三种，可用于正手头顶、反手头顶和绕头顶吊直线和对角球。

9. 羽毛球正确的发球方式有几种？

羽毛球一共有四种发球方式，发后场高远球、发平高球、发平快球、发网前球。

10. 什么是羽毛球搓球？

搓球技术是网前的基本技术之一，比赛中，高质量的搓球不仅能起到控制前场，迫使对方只能挑后场高球，从而为自己创造进攻得分机会的作用，还经常可以成为有效的得分手段。

（1）准备动作。首先判断来球是否适合搓球，判断之后向身体右侧的来球方向移动，站位移到合适位置时，右脚向前蹬地，同时持拍手于胸前向来球方向伸出。

（2）引拍动作。在伸拍的同时，左手自然后置，与右手反方向平行以保持身体平衡。右前臂外旋，手腕外展，在身体的右前方做引拍动作。

（3）击球动作。击球点位于球网顶端10~30厘米处。前臂稍外旋，手腕稍内收闪动，用食指、拇指夹住球拍，利用手腕和手指的力量搓切来球的右下底部，使球旋转翻滚过网。

11. 变速突击打法的技战术特点是什么？

这种打法是在高吊结合突击打法基础上的进一步发展，强调变速进攻，要求手法的一致性和突变性强，尤其后场突击扣杀的动作小而爆发力强，步法上，后场能突然抢点起跳，前场能快速蹬跨抢网，强调判断起动快、抢高点击球、出球的落点刁难。技战术特点：通过自身动作速度的加快，争得突击进攻的机会。通常是高、吊配合，高、杀配合结合判断抢点突击，或者推、搓以后的后退加速起跳突击。

12. 下压控制网前进攻打法的技战术特点是什么？

这种打法先声夺人，前后呼应，快速凶狠，攻势凌厉，速战速决。要求进攻速度快，出球狠而准，出手快，击球点高，扣杀力量重，步法移动快、弹跳能力强，善于用小步加蹬跨步、蹬跳步。它包括杀、吊上网打法、发球抢攻打法、下压组攻打法等打法。技战术特点：以发球抢攻为主，特别是发网前低球结合发平球，迫使对方回球向上，然后通过大力扣杀或吊、轻杀、点杀、劈杀的配合，紧接着上网控制网前，运用搓、推、扑、勾技术，再创造中后场的进攻，尽量使球下压。当然该打法还须配合平高球的运用。

13. 前半场组织进攻的打法有何技战术特点？

这种打法非常强调前半场的作用，它通过控制前半场来组织进攻。要求判断反应快，抢位跟进快，前半场出手快、击球点高，紧封挡压，落点刁难，力争在前半场解决战斗。技战术特点：通过发球、接发球和前半场的快打、高打等控制组织进攻，强调前场出球质量和落点要求。

14. 推压底线组织进攻的打法有何技战术特点？

这种打法具有硬、压的特点，控制对方的中后场并组织进攻。要求中前场的击球点高，击球动作小而有力，强调推、抽、压技术的运用。技战术特点：通过硬打、快速平推或抽压两边底线，使之形成平抽快攻的局面或创造后攻前封的进攻机会。

15. 具有攻守实力的打法有何技战术特点？

这种打法是守中反攻打法的发展，要求技术全面、熟练，能攻善守，攻中有防，防中转攻，抓准机会一攻到底，所以除了掌握较好的防守技术，还强调有较强的防守反击能力和较有威胁的后场多点配合的连续进攻能力。

16. 发球路线和落点的选择需注意哪些？

①调动对方站位，破坏对方打法，如对方甲、乙两名队员站成甲在后、乙在前的进攻队形，在发球给乙时可以后场为主结合网前，而发球给甲时却要以发网前为主结合后场，这样，从发球起就阻挠了对方调整站位。②避实就虚，抓住对方弱点发球抢攻首先要看接发球者的站位，如果他紧压网前站在网前内角位，可用发网前与后场动作的一致性发球到对方后场外角位；如对方离中线较远，则可发平快球突袭后场内角位；对接发球路线呆板、变化少的，可针对这种情况发球后抢封角度突击。③发球要有变化，发球时，网前要和后场配合，网前的内角、外角位，底线的内角、外角位的配合，使对方首尾难于兼顾，多点设防，疲于应付；在发球的弧线上也要有变化。这样，接球方就难以摸到发球方的规律了。

17. 正手发球的动作有何要领？

身体左肩侧对球网，左脚在前，右脚在后，重心在右脚上，右手持拍向右后侧举起，肘部放松微屈，左手拇指、食指和中指夹住球，举在胸腹间。发球时，身体重心由右脚移至左脚。

18. 反手发球的动作有何要领？

准备姿势面向球网，两脚前后站立（左脚或右脚在前均可），上体稍前倾，身体重心在前脚上。右手反手握拍，左手拇指、食指和中指捏住球的两三根羽毛，球托明显朝下（避免犯规），球体与拍面平行或球托对准拍面放在拍面前方。发球动作要领：击球时，小臂带动手腕朝前。

19. 正手发平高球的动作有何要领？

发球时，左手把球举在身体的右前方并自然放下，使球下落，右手同时持拍由大臂带动小臂，从右后方沿着身体向前并向左上方挥动。当球落到右手臂向前下方伸直能触到球的一刹那，握紧球拍，并利用手腕的力量向前上方发力击球。击球之后，球拍顺势向左上方挥动缓冲。

20. 正手发网前球的动作有何要领？

①准备姿势、引拍动作和发球后的动作与正手发后场高远球相似。②击球时握拍保持放松，靠手指控制力量，收腕发力，用斜拍面往前推送击球，使球轻轻擦网而过，落入对方前发球区。

21. 羽毛球运动最基本的技术有哪些？

手法：①正手握拍及反手握拍的转换；②正反手发球；③正手高远球，然后演变至平高球、吊球、杀球；④放网前球；⑤正反手挑高球。

步法：①向左、右上网步法，包括跨步、垫步等；②后退步法；③向左、右两边接杀步法。

22. 如何加强反手击球力量？

首先判断好对方来球的方向和落点，迅速将身体转向左后方，移动步法，最后一步用右脚前交叉跨到左侧底线，背对网，身体重心在右脚上，使球处在身体右上方。击球前，迅速换成反手握法，持拍于右胸前，拍面朝上。击球时，以上臂带动前臂，通过手腕闪动，自下而上甩臂，将球击出。在最后用力时，要注意拇指的侧压力与甩腕的配合，以两腿蹬地转体使全身协调用力。

23. 怎样发好球？

想要发好球，握拍手掌要虚，击球一刹那手指、手腕发力，动作要保持一致性。发球时球拍朝下，拍框不得高过手柄上端，击球点不得高过腰部，击球时不得先击打到羽毛，更不得只打到羽毛。击球后，球应落在对方发球区内。

24. 如何争取到网前球的高点？

业余爱好者往往因步法不到位无法高点接球，这时应该增强腿步力量，而不是勉强低接球。要加强上网步法练习，养成高点接球的习惯。

25. 怎样使击出去的球速度更快？

要想使击出的球速度更快，首先要提高手掌（指）手腕力量，挥拍时增加前臂运动距离。在击球时，注意触球瞬间的挥拍"鞭打"动作。

26. 如何接平高球发球？

接平高球发球，如击球重心向后时，最好是回后场高球过渡一下，以利于自己调整位置。根据具体情况接发球站位可以适当后退一点，或加强后退速度，注意后退时重心不宜过早提升，这样不利于腿部发力。

27. 单打怎样接前场球？

在单打中接前场短球，可以抢先放左右网前，逼对方先挑球，也可以推扑后场两角或追身，最保守的做法是挑后场高球。

28. 什么是后场击球步法？

由中心位置向后场区域移动击球的步法称为后场后退步法。根据来球区域的不同可分为后场正手、头顶和反手转身"后退"步法。根据击球位置不同又有主动击球步法和被动击球步法之分。

29. 什么叫过网击球？

所谓过网击球是指对方的球还未过网的中线时就已击球，构成犯规。顺势过网不违例。

30. 如何练习分开步？

分开步，练习要点为保持平衡，训练时，两脚可同时落地。但实际运用中，两只脚落地总是有先后。先落地的脚决定了移动的方向：左脚先落地，右侧移动；右脚先落地，左侧移动；前脚先落地，向后移动；后脚先落地，向前移动；分开步，可在任何位置运用，可在任何击球中运用；两只脚的相对位置，取决于你的位置和对手的来球方向。

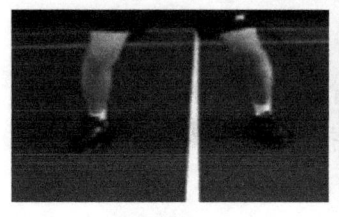
两脚平行

左脚在前　　　　　　　　右脚在前

Q31. 有哪些羽毛球击球技术和方法？

（1）以击球点在击球者身体位置的方向区分为正手（正拍）、反手（反拍）、上手球、下手球。

（2）以击球者击球时在场上的位置区分为前场，中场，左、右场区。

（3）以击球的位置及球的落脚点区分为高球、平高球、吊球、杀球、平抽球、平挡球、挑高球、推球、搓球、勾对角球、扑球。

Q32. 如何进行对调上网练习？

两人一组，甲方劈吊直线网前球，然后快速上网，将乙方回的网前球挑后场直线高远球。乙方挡或放网，然后快速退向后场，再次劈吊直线网前球，这样就形成两人循环不断的对吊上网练习。

Q33. 屈腕怎么发球？

正手发后场高远球时，击球点靠近左脚位置，造成甩上臂"屈腕"发力击球。上臂只起带动的作用，击球是靠前臂和手腕"展腕"发力。

Q34. 手臂提拉屈腕怎么发力击球？

正手发后场高远球不到位，不够靠后，只到了中场或中后场位置，原因是击球点在右肩下方，以肘为轴，前臂提拉屈腕发力击球，发球力量不足。应以手臂协调用力，击球时展腕发力，并注意击球拍面有适当的仰角。

35. 为什么运用手腕和手指发力？这样做有哪些好处？

在决定击球质量的诸多因素中，击球发力是主要因素之一。人体的运动由相关的骨骼带动大小肌肉群协调地收缩，再将获得的力传递到相应部位，羽毛球运动也遵循这样的原理。当大肌肉群收缩时，能产生较大的动力，使全身或局部肢体有一个确定的运动方向，为最后技术的完成提供必要的前提。羽毛球运动发力动作小而爆发力集中的特点，决定了骨骼带动大肌肉群收缩的力量最后需要通过相关小肌肉群的调控作用于球体。

36. 羽毛球发球的六大典型错误是什么？

（1）屈腕发球错误：正手发后场高远球时，击球点靠近左脚位置，造成甩上臂"屈腕"发力击球。

正确方法：上臂只起带动的作用，击球是靠前臂和手腕"展腕"发力。

（2）手臂提拉屈腕发力击球错误：正手发后场高远球发球不到位，不够靠后，只到了中场或中后场位置。原因是击球点在右肩下方，以肘为轴，前臂提拉屈腕发力击球，发球力量不足。

正确方法：应以手臂协调用力，击球时展腕发力，并注意击球拍面有适当的仰角。

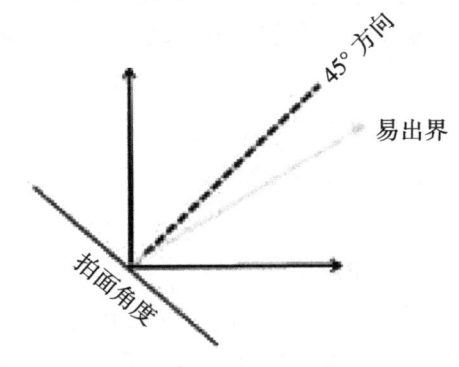

（3）发小球"砍击"发力错误：发小球过网时，离网太高，被对方接发扑球直接进攻。由于对方的击球点高，回球速度又快，不好判断，因而对我方非常不利。原因是发小球时未掌握好击球时间和力量，而且是以手腕"砍击"发力击球。

正确方法：放松握拍，手腕带动手指控制力量，以斜拍面摩擦击球。

（4）发球后回收位置错误：正手发高远球击球后，右手持拍手随惯性向身体右上方挥动，动作不协调，控制不好容易出现球拍随惯性击中自己头部。

正确方法：发球后向左前上方挥动，为完成动作留有一定空间。

（5）发球时没有转体：发球过程中，身体重心没有随身体的转动而从右脚逐步移至左脚；或是身体在击球过程中根本就没有转动，动作缺乏协调性，影响击球的发力。

正确方法：身体随发球击球引拍开始转动，发球后应该是身体正面向着球网。

（6）盲目发球：不可盲目发球，如对方接发球站位偏后，其注意力必在后场，网前会出现空当，这时就应发网前小球。如果在此种情况下还发后场球，则正好方便了对方接发球。如果对方接发球站位靠前，其接发球注意力会在前场，后场就会出现空当，此时应该发后场球。如再发前场小球，则便于对方接发球。

37. 发小球"砍击"如何发力？

发小球过网时，离网太高，被对方接发扑球直接进攻；由于对方的击球点高，回球速度又快，不好判断，因而对我方非常不利。原因是发小球时未掌握好击球时间和力量，而且是以手腕"砍击"发力击球。应放松握拍，手腕带动手指控制力量，以斜拍面摩擦击球。

38. 发球后如何回到回收位置？

发球后向左前上方挥动，为完成动作留有一定空间。

39. 发球时需不需要加转体？

身体随发球击球引拍开始转动，发球后应该是身体正面向着球网。

40. 如何捻动发力？

真正的捻动发力，运用到的多是食指、中指和拇指，感觉像把一个硬币在平面上转起来，捻动发力也是一样，只不过需要转动的是球拍。

41. 为什么反手击球总是使不上劲？

主要是握拍技术的问题，与力量无关。打反手球时，握拍手应该是拇指在上面，击球动作像摇扇子一样，手腕关节左右摆动。

可以先从反手的平抽球开始练，然后再加转身练习后场的反手击球。握拍的姿势很重要，羽毛球运动员手上的茧子仅在虎口周围，初学者如果手的其他部位出茧子甚至磨破了，说明握拍姿势不对。

42. 打球时，左手放在哪里好？

左手一般要举起来，起平衡的作用。如果左手动作不协调，会影响转身，动作僵硬。如果开始练的时候左手不习惯抬着，可以在击球前把左手当瞄准器指着球。

43. 击球声音为何"劈劈啪啪"不好听，还经常打在拍沿上？

这是击球点的问题。很多爱好者误以为用球拍中心击球最好，它面积大，能不漏球。其实不是这样，球拍中心弦软，反弹回去球力量小，击起球来非常吃力，不易扣死对方。正确的击球点应该是球拍中心偏上3~4厘米，整个上端击球面积占球拍2/5左右，这个位置的弦硬。击球点正确与否，可以通过声音判断出来。凡是击球时发出"啪、啪"的脆音，就是用对了地方；凡是发出沉闷的"扑、扑"声，说明球拍击球点太靠下。

44. 击球时有哪些小技巧？

点杀也叫劈杀，点杀的特点是突变能力强，在击球瞬间，靠小臂和手腕的抖动直接击球。在拉开对方后，使用点杀技术，可以起到变速的效果。当对方的回球不到位时，突然起跳，以前臂和手腕向下压，动作小，闪腕快，将球点杀到对方场地，使对方措手不及。

45. 如何打好高远球？

击球前准备动作为双手直立，球拍不要向外倒，手腕向内，球拍拍面对准来球方向，侧身，膝盖微微内扣，脚跟抬起，然后转身面对来球方向，肘关节抬起，手高于头，肘高于目，对准来球方向挥拍即可。挥拍时前臂、手腕内旋，击球后自然收拍至腰部。

46. 打高远球手臂需不需要伸直？

不是先伸直等球打，击球前手臂不是直的，而是在击球的一瞬间伸直。

47. 打高远球需要抬肘吗？

经常有人说，打高远球时，肘一定要抬得很高，要贴耳。这是不一定的，抬得太高不容易发力。抬肘不是先抬肘再击球，应该是击球与抬肘同时进行。

Q48. 打高远球时是身体发力吗？

这个是高远球质量高低的关键。侧身后，首先是右脚蹬地，左脚完全放松，身体除肩部肌肉和右侧腰肌稍有压力外，其他部位如腹、背、手臂、手也比较放松。蹬地力量传导到腹部以后，右脚也已卸力。如果击球的同时脚还在用力，发力就不对。蹬地后施加给腰腹的压力要通过转体完全传导到手臂并击球。

Q49. 打高远球是哪里内旋？

是前臂内旋，不是手腕内旋。

Q50. 高远球动作需要完整打出来吗？

完整的动作才能保证发力更充分。架拍、引拍、挥拍及随挥，四步缺一不可。引拍不充分，挥拍没速度，都是高远球动作不到位的重要因素。业余球友喜欢模仿专业运动员打高远球，他们动作很小就能击出到位的球，这是不能模仿的，因为他们经过多年的训练，已经掌握好了正确的发力方法，很多动作都化于无形。

Q51. 杀球需不需要起跳？

有一些机会球用起跳杀球和一般原地杀球没有什么两样，通过起跳杀球和原地杀球得分都是一样的效果。起跳杀球在落地的时候如果没有掌握好平衡，那样很容易失去重心，这将严重影响第二拍的击球。

Q52. 怎样才能杀出高质量的球？

高质量的杀球有很多需要练习的地方，不仅仅是力量。想要打出高质量的球必须把对手调动起来，前面的放网、勾对角、网前搓球都需要练习。重扣对球拍、判断及落点都有要求，首先球拍不宜过轻，要有一定分量，因人而异，不一定要知名品牌，拿在手上觉得合手是最重要的，拉线磅数不宜高，中磅就行。一般22磅，26磅偏大，不利于发力。建议采取高跳下压的方式，击球点要高，击球时间要提前，步法要到位，也就是预判要好，与劈吊追求落点不同的是重扣追求的是速度。

53. 为什么有时顾得前场顾不得后场，救球很困难？

这涉及移步的方法。打羽毛球向前移动，应该向前大幅度地跨弓箭步，这样有利于回撤；向后移动则应该侧身蹬步后退，而不是面向前方仰着向后倒。很多初学者会以连续的脚步向前或向后冲，这样一来重心太高，动作不稳，二来跑过去后可能刹不住脚，很难防备对方的吊球，而且救球时很容易受伤。

54. 对方杀球时如何准备？

当我方回出后场高球，预判对方可能采用杀球技术时，选择中后场的站位，延长杀球的飞行距离，以赢得更多的反应时间。对方杀出的球也会随着飞行距离的增加，速度越来越慢。同时降低重心，以便向两侧移动，将球拍置于体前，眼睛盯住对方的球拍，依据挥拍方向和拍面触球的角度，判断对方可能杀球的路线。

55. 网前封网，站在哪个位置比较合适？

通常情况下，封网队员站在发球线后一点就可以了，不要太往前。因为越往前，控制范围就越小，队友的压力就会越大。但这不是绝对的，在实战中也要根据对手的球路、习惯作出相应的调整，比如对手习惯放网，那就往前贴一点；如果对手打球比较凶，喜欢抽中半场，那站位就要靠后一些。

56. 打球过程中网前封网总下网的原因有哪些？

封网意识不到位，错失最佳封网时机；网前抢网意识不明确；脚步速度慢；未正确发力。

57. 怎样避免网前扑球下网？

首先步法要到位，不能手先出去了脚还没跟上。这样重心不稳，出球的成功率自然就不高了。扑球下网主要是两方面的问题，第一是击球的时候手腕控制不好，"甩"得太过了，就容易下网；第二是认识层面的，网前扑球的目的不是一下打死对手，而是为了保持主动，争取更好的进攻机会。所以在扑球时动作不要压得太狠，不用发太大的力，只要保证球的线路往下走，追着对方的身体打，让对方很别扭就可以了。自己也不要全力去扑，要稳住重心，做好下一拍连贯的准备，等待更好的进攻机会再加力进攻。

Q 58. 如何让假动作更逼真？

必须抢到高点、必须做到动作一致性、肢体语言要跟上、假动作时机的把握。

Q 59. 接发球运动员在发球运动员对角线的发球区内应该站多长时间？

在发球运动员将球击出之前，接球运动员的双脚必须有一部分与地面接触。一旦球离开了发球运动员的球拍，接球运动员就可以迈步了。

Q 60. 如果球刚刚过网或落下时掉到了球网的边带上，是否可以将球拍俯在球网之上？

不可以。这会被视为对对方场地的入侵，必须等球过网之后才能采取行动。在击球之后，惯性也许会将球拍带入对方半场，但是击球点必须在本方的半场。

Q 61. 打后场高球发力瞬间，手指是怎样握拍的？

发力前手指比较放松，只要能拿住球拍就可以了。发力的时候手指要迅速握紧球拍，配合发力。一般来说，正手击球握拍食指高于拇指，反手时拇指高于食指，但是高多少，这是由个人的习惯、特点决定的，不要一味地强调手指的动作。

Q 62. 劈球有"劈直线"一说吗？

"劈直线"技术是有的，一般应用于回击头顶区域的球，它和常用的劈斜线技术动作基本一致，只不过它的角度要小一些。

Q 63. "劈直线"和"吊直线"有什么区别？

劈直线的特点是发力动作比较隐蔽，球速比较快，弧线较平，回球的线路相对长一些；吊直线的球速比较慢，弧线较高，回球线路更靠近球网。

64. 如何学习正确的跨步姿势？

跨步要蹬，通过起动步发力；降低重心，切忌翘臀；脚跟先着地，脚尖要外展；后腿要跟进，后脚内侧要拖地；前小腿与大腿角度不能小于90°。

65. 遇到头顶球怎么办？

头顶侧身击球，即蹬转起跳击球，也就是反手位的击球。后场球，尤其是头顶位的后场击球，怎么才能轻松回击呢？用反手？能用正手击球的，尽量不要用反手。因为后场反手击球是绝大多数人的弱点，很容易陷入被动。如果用后场正手击球，线路多，击球到位，且动作一致性强，令对方难以判断。后场头顶区域使用蹬转起跳的目的：①当球每次飞到后场时，可以快速利用蹬转到位；②击球时可以利用转体获得更多的力；③可以更快地回到场地中心去准备下一拍。

怎么练习头顶侧身蹬转击球（以右手持拍为例），可以利用单双打两条发球线。

面对球网，两脚平行站位，站在第一条线上。

转体，侧身，右脚后退一步，踩到第二条线上；同时右手架拍，左手举起指向来球；左脚抬起，动作如下图；重心在右脚上，调整好最佳击球位置。

跳起，击球，弯曲右腿，蓄力，准备起跳，起跳击球最高点（自己能够到的最高点，而不是球飞的最高点）。

双腿交叉，先是左脚踩在2线上，然后右脚踩在1线上，同时收拍左脚也踩在1线上；头顶侧身蹬转完整动作。

有球练习，也可空拍练习，假设击球点在双打后发球线上面，可以把球用绳子固定在半空中击球。练习节奏：①中场；②侧身后退起跳；③交叉步，击球，回中场（交叉换步和击球是同时完成的）。

66. 如何分辨重杀、劈杀、点杀？

（1）重杀。重杀是杀球中速度最快、气场最强的一类，应用较多的是在双打中。不管是双脚起跳还是单脚起跳，重杀需要全身协调发力（特别是腰腹的核心力量），借助下肢、髋关节、躯干、肩关节、小臂、手腕完整的发力链。拍面正对击球方向，用正拍面直接下压击球。击球点一般会稍稍靠前，方便大力下压。重杀在场上的最佳位置是中场及中后场。

（2）劈杀。和劈吊类似，但劈杀的击球速度更快、击球力量更大。劈杀一般是杀斜线，快速大角度的飞行，可以破坏对方的防守节奏，让对手处于被动防守。劈杀前期的动作和普通的杀球是一样的，只是在击球的一瞬间，改变球拍的击球面换成切球的击打方式。

（3）点杀。相较于重杀和劈杀，点杀的动作小，闪腕快，快速击球，点杀的突变性强，带有"突袭"性质，让人措手不及，更具威胁性。点杀在单打中经常被使用，是一个重要的过渡和进攻手段。击球者主要利用前臂、手腕、手指的力量，在尽可能高的击球点上，快速突然地把球向下扣压。点杀的目的不是直接得分，而是为下一拍创造机会。点杀的动作小，在实战中很难被对手提前察觉，只要精准操控落点，点杀就能成为有效的得分手段。

67. 如何避免接网前球出现"因小失大"？

当我们遇到对手拉后场结合网前小球时，经常会因为脚步不到位而失误。但有的时候，明明脚步到位了，依然击球失误，原因很可能是手臂没有完全伸展开。

手臂完全伸直的好处：①充分利用球拍+手臂的长度，减少防守及回位的跑动距离。②手臂伸直，各个关节相对固定，击球稳定。③手臂伸直，仅用手指和手腕发力，动作小，隐蔽性强。

动作要领：①脚步到位，保持身体平衡。②臂完全伸直，另外一只手自然舒展。③拍面保持水平。④尽量抢高点击球。

68. 为何后场打网前总是挂网，打对方后场总是不到位？

很多初学者都习惯等球，而不是主动去迎球，总是等到球下落到一定位置才去击球，除非你会发力，否则千万别等到球落得很低才去击球。初学者本来吊网前就有问题，再降低击球点，球过去下落的距离就更大了，所以容易挂网；如果降低击球点打高远球，挥拍动作很难展开，再加上发力不对，打后场就更难了。所以，后场击球时，要主动去迎球击打，去争取自己能够得到的高点，不仅是后场，其他位置的击球也是要争取高点，因为只有争取到高点了，才有更多的回球线路可以选择。

69. 该什么时候上网封网？

无论是双打还是混双，一般都是后场弱的在网前封网。封网时，首先是握拍，在前面负责封网的球友要握得靠上一些，这样便于发力下压。负责网前时，要把拍子举起来，很多球友都习惯打完一拍就把拍子放下，这样如果有机会时，恐怕没有那么快的速度举起拍子来。其次就是时机，一般在中场或网前放网的，都要想着去网前封网；队友在后场强势下压时，更得抓机会去封对手的球，这种情况下很容易抓对方的不到位球。在网前时，时刻准备着封网，中场放网后接着上网。

70. 反手后场劈吊直线、对角该怎么做？

劈吊直线和对角的发力技巧基本是一样的，击球时不是用拍面正面去击打，而是球拍倾斜，用"切"的动作把球打过去，发力动作比较小，发力速度快。劈吊直线时，球拍倾斜的角度比较小；劈吊斜线时，手指、手腕的角度要大一些，往斜线方向"扣"得多一些。

71. 怎样正手杀斜线和头顶球？

正手杀斜线的动作要领和杀直线基本一样，只不过杀直线的时候拍面是正对前方，杀斜线的时候球拍的角度是斜的。需要注意的是，因为球拍有一定的倾斜角度，所以要求击球点更准确，否则发力不够集中。头顶区处理球时，步法最重要，因为步法越到位，身体倾斜的角度就越小，更容易控制。

72. 羽毛球网前被动挑高球、近网挑高球的角度如何控制？要领是什么？

近网挑球用正手还是反手要看来球的位置，合理选择。近网挑球确实容易下网，所以这个时候要放慢动作。这个放慢有两个意思：第一是击球点，不要抢高点，因为近网球越高，离网越近，挑球容易下网，要等球落得低一点、离网的距离更远一点的时候再去击球；第二就是整个动作，因为需要等球下落，所以整个动作要放慢一些，否则容易触网。击球时一定要找准球头。

73. 业余球友如何处理身后球？

在正手位置，如果球已经飞向身后，我们可以采用正手底线抽球的方式来回球。可以从以下3个方面来注意练习。

（1）步伐。关于步伐，我们需要熟练掌握向后跨步技巧，这个步伐是正手底线抽球的基础，如果步伐不到位，自然变得更被动，很容易死球。需要注意的是向后跨步时，脚尖是朝向侧后方（击球的位置），而不是朝前。就是让身体有一个转体角度，才能让胸前的空间打开，才能有更多的角度和力量来抽球。

（2）击球点。

（3）肘关节。肘关节的动作直接影响击球的质量，不少球友知道"引肘"这个概念，但是具体在底线抽球中如何使用？

①肘关节后引："引"这个字可以说明肘关节的运动路径，就像我们做扩胸运动时肘关节向后拉的动作。肘关节后引也是击球力量的关键，和拉弓时拉弦的手臂一样，越往后拉，力量越大。

②前臂后倒、外旋：肘关节向后移动其实属于击球前的准备动作，下一步则是前臂向后倒，自然外旋，将肘关节内侧亮出来，这属于引拍动作。手腕由持拍立腕状态变成伸展状态，方便屈收发力。

③锁肘击球：前两步动作完成之后，此时手肘和球拍就像拉满弓一样，等待一触即发的挥动击球。此时要做的是锁肘，利用前臂内旋发力击球。

上面3个动作就是我们在抽球时肘部动作的注意事项，可以简单理解为：①展胸：肘关节像扩胸运动那样向后拉，此时肘关节在后；②后倒：前臂向后倒，肘关节顺势向前移，这样就形成了"反弓"的力量；③击球：肘部锁定，前臂伸展击球，重点是让前臂内旋发力，此时击球的力量和角度都容易控制。

步伐是回球的基础，击球点决定能否成功回球，肘部动作则是回球质量的关键。

74. 在球场上如何变得更快？

（1）前脚掌着地准备，后脚跟提起。双脚垫步，重心下压，单脚小跨步伐要小。

（2）迈步前，明确蹬地发力脚，感受重心移动，可有效提高步伐速度。

（3）养成起跳击球的习惯，跳不好没关系，关键要有意识地去尝试，因为起跳可以充分利用蹬地与腰胯的力量。

（4）尽量将击球点放在身体前上方，迎球去击打。

（5）引拍过程中前臂、手腕、手指一定要放松，内旋、握紧、触球一系列动作尽可能加快速度，爆发力决定出球速度。

（6）击球前手臂伸展，把握好击球时球与身体的距离，保证发力空间。

75. 如何判断该抢球还是让球？

原则上由距离球落点近的人完成击球，但在实际操作中，前场往往由移动更快、更迅速的人负责，其搭档则注意保护其余场区。击球者态度要坚决，一旦起动就不要犹豫，甚至是一边动一边观察自己搭档是否也有击球的意图。当对方打向两人防守的中间区域时，原则上由正好处于正手回击位置的选手来击球。后场击球，在距离优先的原则下，体能更好、后场进攻更有威胁的选手可以更多地完成击球。

76. 怎样解决进攻转防守跑位混乱的问题？

双打比赛中进攻转防守要坚持"防守就近入位"的基本原则，切忌对角回位防守。直线距离短、站位快，对角线距离长，在防守入位时也容易被对方打追身球。搭档要根据同伴移动后的情况补到空当位置。

77. 前场回接身后球对吗？

只要是超过前场选手体侧的球，一律由后场选手回接。后场选手选择挑后场球，二人要迅速调整进入防守站位；后场选手选择继续平推后软挡，前场选手要注意拦截对方来球。

78. 发球员的站位问题如何解决？

无论发前场球还是后场球，事先要与后场的搭档沟通（手势暗语）。发前场球后，发球员要根据接球员接球的动作及拍面方向，选择向前移动拦截对方的网前球。偷袭后场发球时，要根据对手移动和回接的情况，决定是封网还是后退防守。对方后退很被动则盯住前场，多半会吊球；对方后退迅速且从容，则要做好接杀球的准备了。

79. 后场频繁使用反手击球正确吗？

后场尽量使用头顶击球技术回击，站位上要倾向于保护底线头顶区域。不得已使用反手回击高球时，要尽量将动作幅度做小，将球以平快的方式回击，以过渡球为主。

80. 双打后场击球技术包括哪些？

点杀身上球、拦截球。

81. 接发球方法单一怎么解决？

尽量少用挑球，在双打比赛中挑球容易被动，抢搓中路、轻推两腰和扑追身都是不错的选择。在线路和落点上要敢于变化，出手时间要晚一点，留给对手的判断时间也相对少一些，加强出手的突然性。只要迫使对手由下向上回球，压制对手的战术就算成功了。

82. 前场击球动作该如何做？

网前封网的运动员准备时就要将球拍举在头顶上方，击球姿势为肘关节后摆，自然带动前臂和手腕向斜下方甩压，动作幅度小且迅速。击球后迅速制动，以不超过球网为宜。

83. 接发球直接起高球对吗？

直接起高球，碰到对方进攻能力好的会被一板杀死，就算杀不死，也是拱手把主动权交给对方，自己处于被动防守。尽量用放网、推压、拨腰方式迫使对手先起高球，实在不行也是个互相平抽的局面。

84. 起高球后应该立刻后退防守吗？

被动时主动起高球是一种战略，但起高球后应选择正确的防守位置，以直线后退到场地后半部为佳，这时同伴会根据你的选位来找他的位置。

85. 后场弱时，自己该怎么做？

打一拍速度稍慢而落点比较贴网的吊球到同伴所处方位的网前（打到对手两人中间位置也可以），然后自己迅速跟进上网，让同伴后撤接管后场。

86. 不给同伴补位对吗？

要根据同伴的位置选择自己的位置。双打没有站位，只有跑位。

87. 不让同伴给自己补位对吗？

后场打下压球让同伴上网，或者前场放小球后守住网前，让同伴后撤。

88. 什么时候抢网？

什么时候向前抢网？不一定非得要同伴进攻的时候，要注意观察对手回球时的身体姿态及习惯球路，这样就可以作出是否上网的决定。

89. 羽毛球双打时一定要一人接一下吗？

不用一人接一下，双打场地很大，一个人跑不过来，发球需要轮流发。

90. 在前场要不要转身接球？

双打发球后，对手经常会轻推两腰，如果前场球员反应不及时，球就会飞到身体后方，此时再转身接球，质量可想而知！只要球超过身体，一律由后场选手处理。

91. 在场上到底往哪儿跑？

双打攻防转换时，先动者要以直线跑位为主，然后另一名搭档补位。

92. 防守时应该怎么站？

不能根据对手的威胁决定防守站位，而是要由对方每一拍进攻的质量和击球点的位置来定。

如果对方杀球不错，击球点还在中后场，那么此时的站位要靠后一些；如果击球点在后场，那么此时的站位可以稍微靠前一些。

93. 网前选手的核心任务是什么？

（1）本方后场选手杀球时，要跟上后场同伴的进攻节奏，脚下快速移动争取扑死对方，无扑球机会时，要多使用搓、勾、放等网前小技术迫使对方挑高球，为我方后场队友进攻创造机会。

（2）如果我方后场选手选择吊球，此时网前选手要马上压上网前，给对方回球制造压力,让他们不敢回网前球。

(3)主动防范对方搓、放、勾等网前小技术,在回球时,多争取扑推对方空当,其次才是搓网。

94. 业余双打过程中如何避免和队友撞拍?

第一,在场上要观察队友的打球习惯;第二,自身要学会补位,不抢队友的球;第三,在打球时多和队友交流,恰当分配轮转。

95. 双打过程中如何提高发球质量?

熟练掌握发球基本动作、合理选择发球落点、合理选择发球高度、合理使用发球力度。

96. 如何在羽毛球双打中组织出多变的球路?

判断球路的多变,不是以多少而是以是否有效来判定。所有战术都是以得分为最终目的,就是只用一种战术,如果可以一直得分,那就是最好的战术。为什么要变化呢?如果变化后不得分了,岂非得不偿失?当然,一种战术很难一直得分,战术不是越多越好,而是是否有效。

97. 在双打比赛中,如何保证动作的连贯性?

在双打中,平抽平挡居多,球速很快,要想保证动作的连贯性,首先击球时的动作不能太大。如果像打后场球一样用上大臂的力量,那还原的速度就会跟不上球速。正确的做法应该是主要以前臂、手腕手指发力。此外,打完一拍时不要去等球,而是要迅速还原,做好下一拍的准备。

98. 打混双,女搭档需要注意什么?

(1)女搭档必须有的意识:退防时,一定要有意避开对方男队员的直线进攻。

(2)女队员不得不挑球时,尽量挑斜线;男队员不得不挑球时,尽量挑直线。

(3)女队员退下来的主要任务和精力:防杀。防杀的范围要小,绝对不是与男伴对半分。退到左半边了，就再往左靠，能守住左边三分之一的场地就可以了。退到右半边了，就再往右靠，能守住右边三分之一的场地就可以了。确保伸拍能护住防守边线。精力要集中在追身球和边线球上。只要精力集中，就可提高接杀成功率。

（4）建议女队员后退的距离不必太大，离前发球线约1米即可。此时男队员在场地的另一边离前发球线，约1.5米为宜。这只是相对来讲，具体要视挑球的高低前后调整，但总体原则为男队员要比女搭档靠后一点。

99. 双打发接发，什么时候起动时机最好？

最好的时机就是看到对方的发球后。接发球时根据对方发球的质量，回球第一是尽可能不给对方第三拍主动接球，第二是创造进攻机会，不是得分，这才是接发球的关键。如果一味地追求接发球的快速回球，甚至直接得分，那将不可避免地增加失误率和被对方发球动作欺骗的可能性。

100. 双打发接发总被偷后场怎么办？

（1）注意力要高度集中。接发时注意力一定要集中，根据场上情况做迅速的判断。

（2）不要站得太靠前。我们没有专业选手那么好的爆发力，所以没必要脚顶着发球线站，后撤半步，既可以确保网前的机会不会错过，又能稍稍照顾一下后场球。当然，也不用为了接后场发球而特地站得很靠后。

（3）接发姿势要正确。右手握拍，左脚在前，并且脚尖不能对着网，而是要内切，就像内八字脚那样。对方偷后场时，无论是左脚掌蹬地起跳还是并步往后，都比较容易。

（4）随机应变很重要。被对方偷发后场球，最好的接发当然是直接起跳杀球了，但如果反应不够快，脚步或手法跟不上，那就老老实实回后场。发球方在偷发后场后，一定会先回到左右站位，所以把球回到后场中间的位置是个好的选择。双打的发接发，在比赛中很多时候不光是斗技术，更是斗心理。如果对方试探性地发后场，被你坚决地杀死了，接下来他们就不太敢偷发了。但如果你的接发不好，他们就会持续发，打乱你的接发节奏，越来越被动。所以在练习接发扑网推腰的时候，也要注意练习一下接后场球。

101. 正手发高远球有哪些易犯的错误？

（1）握拍错误：握得太紧，无法产生爆发力，故达不到发高远球之目的。

（2）站位错误：两脚平站，身体正面对网，两眼盯着球。

（3）引拍错误：由于站位错误，造成引拍时身体无法稍向右转，身体重心也无法转移，右臂不是向右后上方摆起而是向后方摆，无法形成较好的发力机制。

（4）挥拍击球错误：肘关节伸得太直，腕部动作未伸展，挥拍时动作僵硬，挥拍与放球时间不协调，击球点离身体太近或太远、太左或太右，导致击球时不是正拍面击中球，而是切面击球，击球点超过腰部，击中球的瞬间无法产生较大的爆发力。

（5）随前动作错误：发球后很快进行动作制动，没有随惯性挥向左肩上方，而是挥向右肩上方，回收动作后未及时进行握拍调整。

102. 正手发网前球易犯的错误有哪些？

（1）握拍太紧，以致不能控制发力及缓冲，难以把球发得擦网而过。

（2）站位错误，除了与发高远球类似，站位太后也不利于发好网前球。

（3）挥拍击球时不是从右向左斜面切削击球，而是像发高远球一样击中球托，向上挥拍击球，这样击球不易控制飞行弧度，球过网后往往还向上飞行。

（4）击球点超过腰部的违例动作，以及拍框上缘部分超过腕部的过手违例动作，均属于必须纠正之范围。

103. 反手发网前球易犯的错误有哪些？

站位太靠后，不易把球发好；有"过腰""过手"的违例动作。

104. 增加击球的力量有几种方法？

第一，增加挥拍的加速距离。第二，身体各部协调配合击球。第三，击球前放松身体各部位。第四，选择合适的击球点。第五，提高球员的力量素质。

105. 如何加强击球的旋转？

第一，调整击球拍面角度。第二，击中球托部位。第三，增加击球力量。

106. 羽毛球的上网步法有哪些?

跨步上网、垫步或交叉步上网、蹬跳上网。

107. 上网步法有哪些注意事项?

第一,要注意前冲力不要太大,避免身体失去平衡。第二,到位击球时,前脚脚尖应朝边线方向,不应朝内侧,有利于借前冲力向前滑步。第三,击球后应尽快采用后退跨步、垫步或交叉步退回中心位置。

108. 接球前的基本准备姿势是什么?

两脚自然开立,距离与肩同宽,与持拍手同侧的脚前移半步,两脚后跟自然提起,以前脚掌触地,两膝弯曲,身体重心微降。持拍手稍屈肘展腕,拍头上仰于胸前。持拍处于场地的中间位置,无论对方将球击向哪一点,我方都能以最短的距离及最快的速度挥拍击球。

109. 正手发球准备姿势是什么样的?

两脚自然分开,左脚在前,脚尖对网;右脚在后,脚尖稍斜,重心在右脚上。左手手指夹持羽毛球中部,自然抬举至胸前方;右手正手握拍放松屈举至体后侧,呈发球前的准备姿势。

110. 接发后场球回击种类有哪些?

①接发球击高远(平高)球。②接发球击吊球。③接发球击杀(抽杀)球。

111. 接发球准备姿势应该是什么样的?

左脚在前,全脚掌着地;右脚在后,前脚掌着地。双膝稍屈,重心在左脚上。右手持拍自然举放在胸前,左臂自然屈肘于左侧,保持身体平衡,两眼注视前方,判断对方的发球方向,准备接发球。

112. 有哪些前场击球技术?

前场挑高球、平推球、搓小球、放小球、勾对角线小球和扑球等。

113. 前场高手位击球有哪些种类？

搓球、高手位勾对角球、平推球、扑球。

114. 前场低手位击球有哪些种类？

挑高球、低手位勾对角球、放小球。

115. 接杀球有哪些技术？

接杀球由接杀放直线小球、接杀勾对角小球、接杀挑高球和接杀反抽球等几种击球技术组成。

116. 中场接杀球有哪些技术？

接杀挑高球、接杀平抽球、接杀放直线小球、接杀勾对角小球。

117. 后场击球技术有哪些？

后场高远球、后场平高球、后场吊球、后场劈球、后场杀球。

118. 双打发球有哪些种类？

双打发后场平高球、双打发后场平射球、双打发网前小球。

119. 什么是羽毛球球路训练？

羽毛球球路训练就是把两个或两个以上的基本技术，通过一定的路线组合到一起进行练习的方法。在训练时，可以事先规定回球的落点、回球的路线，也可以不固定路线进行练习。

120. 有哪些练习反手技术的方法？

（1）早上跑步时用反手技术挥空拍。

（2）用反手把球向高处打，并且球打得越高越好。

（3）反手握拍对墙发平快球，随即反拍抽击，回合数越多越好。

（4）用线把一个旧球吊在反拍所能打到的高处，结合步伐去打固定的高球。

（5）增加自己的指力、臂力等小肌群的肌肉力量，通过有针对性的锻炼，提高自身的绝对力量，可选择使用力量训练拍或腕力训练拍，不仅提升反手力量，更可以全面提升能力。

121. 怎样练好推球？

推球是一项需要准确把握运用时机的技术，运用不当则极易遭到对方的拦截和突击，而转入被动或失分。若能合理掌握该技术，在网前对抗中又将增加一项有利的武器。

【动作要点】①推球的击球点要高，动作小，速度快。②主要用前臂、手腕和手指的爆发力来发力。③击球瞬间击球点的高低和拍面角度的大小决定球的飞行弧线。④拍面角度靠手腕和手指来控制。

【动作演示】正手推球：站在右（右手持拍）网前，前臂稍外旋，手腕稍向后侧，球拍也随之往右下后摆，拍面正对来球。推球时，身体稍往前移，右前臂往前伸并带内旋，食指向前压，小指和无名指突然握紧拍柄，使球沿边线飞向后场底线。在挥动过程中，拍子回收。

反手推球：站在左（右手持拍）网前，前臂稍向左胸前收引，肘关节微屈，手腕外展时，变成反手推球的握拍法，球拍松握，反拍面迎球。前臂前伸并带外旋，拇指顶压，中指、无名指和小指突然握紧拍柄，推击球托的后部，使球沿边线方向飞向后场底线。击球后，手臂回收，恢复击球前的准备姿势。

【动作要领】反手推球时，注意拇指向前的推顶力。

【挥拍路线】推球时的挥拍路线，正手推球是由于前臂的内旋，带动手腕由后伸闪动到屈腕，也就是说由右至左像盖过去的旋转动作那样，挥拍推击球。

【易犯错误】①挥拍击球时，拍面的角度和推球的力度大小未能适当控制，造成失误。②握拍太紧，手臂伸得太直，身体太直立，影响启动速度和手腕灵活发力。③起动太慢，不能掌握准确击球点。④前臂未伸向前上方，以致击球点太低。⑤动作太大，依靠上臂、前臂发力导致下网或出界的失误球。

122. 握拍时怎么放松？

握拍的时候，手部的肌肉要适当放松（拇指与食指比较放松，主要用其余三指自然地握住拍柄）。击球前，食指与中指间有一定的距离，手心不要靠在拍柄上，手心到虎口之间应留有空隙。在击球时，握拍由放松到握紧，虎口也随之夹紧，食指与中指靠拢，虎口到手心之间的空隙消失。

123. 单打有哪些发球种类？

发后场高远球、发后场平高球、发后场平射球、发前场小球。

124. 什么叫发后场高远球？

这种发球多用正拍面将球击得又高又远，球飞行至最高点后突然调头垂直下落至端线附近。由于这种发球的落点处于对方端线附近，可有效地调动对方远离中心位置，并削弱其进攻的威力，同时也增大对方衔接下一拍球的难度，所以在单打中被普遍采用。

125. 什么叫发后场平高球？

这是用正、反拍面击出飞行弧线较发后场高远球低的一种发球，其落点视单、双打发球规则的不同要求有远近之分，分别在单、双打发球区域的端线附近。球飞行的高度以对方起跳无法拦截为宜。由于飞行弧线不高和球速相对高远球稍快，所以与发前场小球配合使用能增加对方接发球的难度。

126. 什么叫发后场平射球？

可用正、反拍面击出飞行弧线较发后场平高球还要低的一种发球。这种球几乎擦网而过，直射对方后场端线，具有球速快、突击性强的特点，是单、双打发球抢攻战术中常用的一种发球。实战中，当接发球方无准备或是接发球站位出现空当时，发这种球可发挥其快速和突变的威力，使接发球方陷于被动或被迫出现失误。

127. 什么是发前场小球？

这是运用正、反拍面摩擦击球，使球轻轻擦网而过，落在对方前发球线附近的一种发球。由于它的飞行弧线低，距离短，可以有效地限制对方接发球大力的扣杀进攻，所以是单、双打中较常见的一种发球。

128. 单打发球如何站位？

单打的发球站位距前发球线约1米。选择场地中部这个位置发球，有利于迎击前后左右等任何距离和落点的来球。但是发球站位也可根据个人的习惯和场上战术需要自行选择。

129. 步法的口诀有哪些？

（1）看手动腰（观察对方的动作，准备提前移动自己的重心）。

（2）先起后抬（看对方挥拍动作，提起重心并把肩膀抬起来，准备起步）。

（3）追球赶步（移动中一定要看羽毛球的运动轨迹，步子一定要赶在球下落之前）。

（4）到点鞠躬（跑到点上再落重心，准备击球动作）。

（5）扭胯第一（无论什么步伐，先动的一定是胯）。

（6）步伐有数（怎么能跑到点上，就要看预测距离及跨步、小碎步的搭配）。

（7）小腿稍撇（接地面球时小腿和脚有点外撇，降低重心）。

（8）胳膊抡圆（步伐中，胳膊也要进行配合，一定不能耷拉着走，要运动起来）。

（9）跳起危险（进行劈杀时，初学者最好不要跳，难度大失误多）。

（10）后退无忧（不管怎么样，后撤步是最难掌握的，一旦掌握好了，全场皆活）。

130. 有哪些正手发球技术？

（1）以发球准备姿势站立，持球手松手放球，持拍手上臂外旋带动前臂充分伸腕，自下而上沿半弧形做回环引拍动作。

（2）同时随引拍动作转体，重心向左脚移动。当拍挥至身体右侧前下方，转体至接近于面对球网时，准备击球。需要注意的是，发球最佳击球点在左脚尖的右前下方。

（3）下面分别介绍发平射球、发平高球、发高远球的击球动作。

正手发平射球击球动作：击球点在规则允许的范围内争取略高，拍面与地面呈近似95°的仰角，前臂内旋，带动手腕快速闪动屈指向前发力击球。关键是击球动作小而快，爆发力和目的性强。

正手发平高球击球动作：击球点须在右前下方略高于发高远球的击球位

置。击球时前臂带动手腕发力，拍面与地面呈小于45°的夹角，向前推进击球。关键是控制好球的飞行弧度。如果拍面仰角大，击出的球过高，则达不到战术目的；但拍面仰角小，发出的球较低，易被对手拦击。

正手发高远球击球动作：当拍面与球接触的瞬间，上臂与前臂迅速内旋，带动指展腕闪动发力，正拍面将球击出。

（4）击球后，身体重心完全移至左脚，持拍手随击球后的惯性动作自然向头部左前上方挥动，手腕呈展腕状态。

131. 单打接发球有哪些种类？

根据发球种类的不同可将接发球分为前场和后场、正手和反手姿势接发球。

132. 接发前场小球有哪些回击种类？

①接发球搓，放小球。②接发球勾对角小球。③接发球挑、推后场球。④接发球扑球。

133. 接发后场球有哪些回击种类？

①接发球击高远球。②接发球击吊球。③接发球击杀球。

134. 单打接发球如何站位？

单打接发球站位应距前发球线约1.5米。在左发球区接发球，一般选择有效发球区域中心位置站位，以能照顾到发至前后左右各种落点的球为宜。在右发球区接发球，选择有效发球区域中心稍靠近中线的位置站位。

135. 侧身击球有哪些好处？

（1）侧身击球，可以借助身体来发力，单单依靠抡上臂的方式击球，很难打出速度，而且手臂还容易受伤。

（2）侧身击球，动作可以做得更充分，可以把身体里的力量打出来。

（3）如果上半身侧身，双脚依然平行站位，这种"扭麻花"的动作打球很容易扭伤腰部。

（4）不侧身的话，击球意图直接被暴露在对方的视野中，让对手有了充足的时间去等待击球。

（5）侧身后退移动比不侧身更快。

（6）击球后，可以顺势带动身体快速回位，而不侧身的话，还需要刻意的回位动作，费力又耽误时间。

（7）头顶区击球，必须使用侧身动作，熟练掌握侧身动作，对于增加头顶区威胁很有帮助。

136. 前场正手接发球有哪些技术？

（1）判断起动。用正手前场接发球步法向来球方向移动，同时持拍臂微屈肘，外旋半弧形引拍，准备接发球。

（2）下面分别介绍正手接发球的搓网前小球、勾对角小球、挑球、推球和扑球的击球动作。

正手接发球搓网前小球击球动作：结合身体向前跨步的冲力，用大于120°的仰角拍面向前摩擦推送击球。击球力量比网前搓小球要稍大一些，应控制适度的力量，如击球用力过大，则球不会出现旋转；击球用力过小，接发球搓球会不过网。

正手接发球勾对角小球击球动作：手腕内旋，以拇指、食指转动拍柄，向网前斜对角方向发力击球。

正手接发球挑球击球动作：击球点较低，用与地面角度呈大于90°的仰角拍面，前臂内旋，食指和拇指收紧拍柄，展腕发力击球。

正手接发球推球击球动作：手腕迅速内旋，食指发力拨动拍柄，以球拍与地面呈近似90°的夹角内翻拍面击球。

正手接发球扑球击球动作：击球点高于球网顶部，前臂快速内旋，以球拍与地面呈小于90°的夹角向下拍压击球。

（3）回动。完成接发球动作后，持拍手自然收回体前，向中心位置回动。

137. 前场反手接发球有哪些技术？

（1）判断起动。接发反手前场球时，向来球方向移动，反手握拍向来球方向伸出，同时前臂微屈做内旋半弧形引拍动作，准备击球。

（2）下面分别介绍反手接发球搓网前小球、勾对角小球、挑球、推球和扑球的击球动作。

反手接发球搓小球击球动作：结合身体向前跨步的冲力，食指、拇指内旋捻动球拍，用近似120°的斜拍面向前摩擦推送搓球。

反手接发球勾对角小球击球动作：手腕外旋，拇指前顶，其余四指收紧拍柄向网前斜对角方向发力击球。

反手接发球挑球击球动作：击球点较低，前臂外旋，拇指前顶，用与地面呈大于90°的夹角拍面收腕发力击球。

反手接发球推球击球动作：球拍与地面夹角近似90°，前臂迅速外旋，拇指前顶，手腕向前方外翻。

反手接发球扑球击球动作：击球点高于球网顶部，前臂快速外旋，用球拍与地面呈小于90°的夹角，拇指前顶，向前下方拍压击球。

（3）回动。击球后，持拍手自然收回体前，脚步退回中心位置，成接球前准备姿势。

138. 后场接发球有哪些技术？

根据不同的来球位置，接发后场球可采用正手和头顶两种姿势击球。正手和头顶接发后场球技术的动作轨迹基本相同，只是击球点位置略有差异。正手接发后场球击球点在身体右后侧右肩上方，而头顶接发后场球击球点在身体左后侧头顶或左肩的上方。

（1）判断起动。用接发后场球步法向来球方向移动，同时上臂外旋带动前臂后仰回环引拍，身体重心在右脚上，准备起跳击球。

（2）下面分别介绍接发球回击高远（平高）球、吊球和劈球、杀球、抽杀球的击球动作。

接发球回击高远（平高）球击球动作：击球点在头前上方，上臂带动前臂迅速内旋向上挥动，将力传递至手腕，手指发力，用正拍面与地面呈稍大于90°的夹角（击平高球）和接近120°的仰角（击高远球）将球击出。

接发球回击吊球和劈球击球动作：击球点比回击平高球和高远球靠前约10厘米，上臂带动前臂迅速内旋向上挥动，通过手腕和手指控制击球力量（劈球比吊球力大），用球拍面与地面夹角呈小于90°的斜面（劈球比吊球击球角度更大）切击球托右侧（头顶击球切击球托左后侧）。

接发球回击杀球击球动作：身体充分后仰呈弓形展开，击球点比回击吊球再靠前约5厘米，上臂带动前臂迅速内旋向上挥动，最后通过手腕手指发力，用与地面呈近似75°的夹角将球击出。

接发球回击抽杀球击球动作：手臂迅速内旋、后倒回环引拍，用与地面呈90°左右的夹角拍面向前挥动击球。

（3）回动。击球后，持拍手随惯性动作向身体左前下方挥动，并迅速将拍收回体前，脚步向中心位置跟进回动，做好下次接球准备。

139. 接发球移动步法有哪些？

正反手前场接发球移动步法；接头顶，正手后场发球移动步法。

140. 前场击球技术有哪些？

前场击球技术由前场挑高球、平推球、搓小球、放小球、勾对角线小球和扑球等几种击球技术组成，每项击球技术都可由正、反手击球姿势完成，击出直线、斜线不同飞行路线的球。依据击球点位置的不同，前场击球可分为前场高手位击球和前场低手位击球两种。

141. 前场高手位击球如何分类？

①前场搓小球。②前场低手位放小球。③前场平推斜线球。④前场高（低）手位勾对角球。⑤前场挑斜线球。⑥前场扑斜线球。

142. 高手位勾对角球是何概念？

将对方击至前场区域高手位置的球，以对角线路回击向对方对应的前场区域的球称为前场勾对角球。

143. 平推球是何概念？

平推球是将对方击至前场位置较高的来球，以飞行弧线较平的线路回击至对方端线附近的一种球。由于击球点高，动作小，发力距离短，速度快，而且落点变化多，因此加大了对方接球的难度，是从前场攻击对方后场底线的一种有威力的进攻技术，在单、双打中都常用。

144. 扑球是何概念?

将位于球网上方的来球,由上向下、向对方场区扑击下去称为前场扑球。

145. 前场低手位击球是何概念?

前场低手位被动状态下击球,击球点在腰部和膝盖以下,一般采用挑高球、低手位勾对角线球、放小球等几种击球技术。

146. 挑高球是何概念?

将对方击至前场低手位的球,以由下至上的弧线回击至对方后场端线上空的球为前场正手挑高球。它是被动情况下为赢得回位时间而经常采用的一种过渡性技术。

147. 低手位勾对角球是何概念?

将对方击来前场低手位(几乎触地)的球轻轻一勾,回击至对方斜对角前场区域的球称前场低手位勾对角线球。这是被动情况下与挑球、推球配合运用的一项控制反控制过渡性技术。

148. 放小球是何概念?

将对方击来前场低手位(几乎触地)的球轻轻一击,使球擦网而过,落至对方前场区域的球称为低手位放小球。

149. 前场正手击球步法有何种类?

前场正手三步上网步法、前场正手两步上网步法、前场正手一步上网步法。

150. 前场反手击球步法有何种类?

前场反手三步上网步法、前场反手两步上网步法、前场反手一步上网步法。

151. 中场击球技术如何分类?

羽毛球单打中所运用的中场击球技术有接杀球和中场腾空抽杀球。

152. 接杀球如何分类？

接杀球由接杀放直线小球、接杀勾对角小球、接杀挑高球和接杀反抽球等几项击球技术组成。

153. 接杀挑高球是何概念？

将对方杀至腰部以下位置的球，以高弧线回击至对方后场底线附近的球为接杀挑高球。

154. 接杀平抽球是何概念？

将对方杀至肩、腰位置的球，沿球网以平行弧线向对方场区抽压回击为接杀平抽球。接杀平抽球的击球点高，防守中当对方进攻质量不高、来球弧线较平时，应抓住机会运用接杀平抽球进行反攻。

155. 接杀放直线小球是何概念？

将对方击来的杀球，回击网前小球至对方前场区域为接杀放直线小球。同其他接杀球技术配合使用，可调动对方前后奔跑，有效地限制其连续进攻。在单打竞赛中较为常用。

156. 接杀勾对角小球是何概念？

将对方击来的杀球，以对角线小球回击至对方前场区域为接杀勾对角线小球。在防守中运用此项技术不但可避免因起高球而使对方发起连续进攻，导致自己陷入被动局面，而且还可形成小对角线路，增加对方前后移动的难度，削弱其进攻威力。

157. 中场正手击球步法是何概念？

由场地中心位置向右侧区域移动击球的步法称为中场正手击球步法。

158. 中场正手击球步法分为哪些？

中场正手击球步法可分为中场正手接杀球步法和中场正手腾空击球步法。

159. 中场正手接杀球步法分为哪些？

中场正手接杀球步法，根据击球位置不同可选择蹬跨步、垫步或一步腾空接杀球步法。

160. 中场正手蹬跨步接杀球步法是何概念？

当来球距离身体较近时，以左脚前脚掌为轴心，向右侧的来球方向蹬地起动。同时身体右转90°面向来球方向，右脚向来球方向跨步击球。完成击球后，右脚迅速向中心位置撤回一步回位。

161. 中场正手垫步接杀球步法是何概念？

起动后左脚蹬地向右脚迈出第一小垫步，同时向右转体90°，面向来球方向。右脚向来球方向跨出第二步，准备击球。击球后，跨步脚一触地即向中心位置退回一小步，左脚紧随其后向中心位置退回第二步回位。

162. 中场正手一步腾空接杀球步法是何概念？

往中场右侧区域位置移动起跳击球的步法称为中场正手腾空步法。来球距离身体较近时，由接球前的准备姿势屈膝起动，向身体右侧来球方向蹬地斜步起跳，准备击球。完成击球后，身体重心在右脚，当右脚触地瞬间，迅速向中心位置回位。

163. 中场反手击球步法分为哪些？

由中心位置往左侧移动击球步法称为中场反手区域移动步法，分为中场反手一步、两步接杀球步法和中场头顶腾空击球步法。

164. 中场反手一步接杀球步法是何概念？

当来球距离身体较近时，由接球前的准备姿势起动，左脚向来球方向蹬地跨步，向左转体90°准备击球。击球后，左脚跟触地迅速向中心位置退回一步，两脚做一小跳步完成回位。

165. 中场反手两步接杀球步法是何概念？

来球距离身体较远时，起动后左脚蹬地向来球方向迈出第一小步，向左转体，背向球网，身体重心在左脚。右脚紧接着向来球方向迈出第二步蹬跨步，准备击球。完成击球后，右脚迅速向中心位置退回第一步，同时向右转体，两脚做一小跳步完成回位。

166. 中场头顶击球腾空步法是何概念？

往中场左侧区域移动，并利用头顶击球姿势起跳的步法称为中场头顶腾空步法。来球距离身体较近时，屈膝，右脚前脚掌蹬地，左脚向身体左侧斜步起仰面准备击球。完成击球后，身体重心在左脚上，迅速向中心位置并一步，右脚向中心位置再前进一步，完成回位动作。

167. 后场击球分为哪些种类？

依据击球位置的不同，后场击球可分为后场高手位击球和后场低手位击球。

168. 后场击球有哪三种姿势？

每一项击球技术又可由正手、头顶和反手三种击球姿势完成。

169. 后场正手击球是何概念？

在右后侧位置，面向来球方向，用正拍面击球。

170. 后场头顶击球是何概念？

在左后侧位置，面向来球方向，用正拍面绕头顶在左肩头顶上方击球。

171. 后场反手击球是何概念？

在左后侧位置，背向来球方向，用反拍击球。

172. 后场击球技术有何种类？

后场击球依据战术需要可击出高远球、平高球、吊球、劈球和杀球等，而每一种击球均可分别击出直线和斜线球路。

173. 后场高远球是何概念？

是由底线击至对方底线的一种高弧线飞行球。后场高远球由于飞行弧线较高，速度慢，在被动状态下运用可争取回位时间，以便过渡和调整击球位置。双打防守反攻可用后场高远球调动对方至底线两角，消耗其体力。后场高远球在主动高手位和被动低手位状态下都可运用。

174. 后场平高球是何概念？

是从底线以比高远球低的飞行弧线击至对方底线的球，其高度以对方无法从中场起跳拦击为宜。后场平高球是一项高手位状态下运用的后场进攻技术，由于它的动作突击性强，出球速度快，如在适当的时机选择高质量的平高球将对方逼至底线两角，再配合前场小球调动，效果极佳。

175. 后场吊球是何概念？

是将后场区域端线附近位置的球回击到对方前场区域（前发球线附近与球网之间）紧靠边线两角的近网小球。吊球的飞行轨迹以球过网后迅速下落为宜，如能与后场高球结合使用，则能有效地调动对方，是后场一项主要的进攻技术。根据不同的来球弧线和击球位置，吊球又分为高手位主动吊球和低手位限制性吊球两种，并可分别击出直线和斜线球路。

176. 后场劈球是何概念？

是一项介于吊球和杀球技术之间的后场进攻技术，采用高手位击球。由于劈球是以吊球的动作、杀球的力量并以斜拍面击球，所以速度快且落点一般都比较刁钻。实战中与平高球、吊球、杀球配合运用，常给对手造成判断上的困难，是后场一项灵活多变、威力强大的进攻技术。

177. 后场杀球是何概念？

是针对对方击至后场或中后场区域的来球，争取尽量高的击球点，将球由高而下地向对方场区全力扣压过去的一种球，采用高手位击球。杀球技术的击球力量最大，速度最快，威力也最大，是进攻得分的重要手段。根据出球角度的不同，后场杀球可以击出直线和斜线球；根据击球力量的不同，可分为重杀和点杀；根据出球距离和落点的不同，可分为长杀（落点在双打后发球线附近）和短杀（落点在中场）；根据击球时间差的变化，也可采用突击杀球等。

178. 双打发球种类有哪些？

双打发后场平高球、双打发后场平射球、双打发网前小球。

179. 双打接发球技术有何种类？

接发拨球、接发推扑球、接发抽杀球。

180. 双打前场接发球有哪些技术？

双打正手接发推扑球、双打正手接发拨半场球、反手接发拨半场球、反手接发推扑球。

181. 什么是双打后场接发抽杀球技术？

持拍手对准来球方向，抬肘，以鞭打动作快速向后倒臂引拍。正手抽杀球时击球点在右肩前上方，头顶抽杀球时击球点在左肩头顶上方。击球时，上臂和前臂迅速内旋，带动手腕快速闪动，手指由松至紧屈指发力，用正拍面快速将球向对方场区击出。

182. 正手和头顶封网击球技术有哪些要点？

向来球方向移动，手肘上抬，前臂后倒做回环引拍，准备击球。击球动作小而快，以前臂带动手腕，由外旋后伸至内旋前屈快速向前闪动发力，将球向对方场区前下方击压过去。正手封网击球点在右肩上方或斜上方，头顶封网击球点则在左肩斜前上方。

击球后，上臂上举控制动作，前臂与手腕迅速制动，收回成前场击球前准备姿势，准备下一次击球。

183. 反手封网技术有哪些要点？

（1）用前场反手接发球步法向来球方向移动并跨步，同时持拍手上臂带动前臂做内旋引拍，手腕呈展腕姿势向来球方向伸出，准备击球。

（2）击球时，前臂迅速外旋带动手腕向前挥动，拇指前顶，手腕发力，将球向对方场区的前下方击出。

（3）击球后持拍手固定在击球高度，以制动动作结束。

184. 中场正手平抽快挡击球技术有何要领？

（1）击球前做好准备姿势，准确判断，适时移动。跨步的同时，持拍手以肩为轴，手臂屈肘后引，前臂向后外旋回环带动手腕伸展引拍。

（2）下面分别介绍正手平抽球击球和正手快挡球击球的动作。

正手平抽球击球动作：持拍手的肘关节后引，前臂迅速向前内旋，带动手腕出手发力，向前推压击球，使球以一定的速度齐网平行飞行至对方场区。

正手快挡球击球动作：击球时主要以食指和拇指控制住拍面，向前推送击球，使球以低弧线越过球网，落入对方前场区域。挡球的击球点较平抽球低一些。

（3）击球后惯性动作小，要迅速收拍，同时右脚回位一步成准备姿势。

185. 中场反手平抽、快挡球技术有何要领？

（1）持拍手以肩为轴，上臂带动前臂内旋回环引拍，向来球方向伸出。

（2）下面分别介绍反手快挡球和反手平抽球的击球动作。

反手快挡球击球动作：以反拍面对准来球，几乎没有击球前的预摆引拍动作，以拇指和食指控制球拍，向前推送挡球。击球后球的飞行弧线轨迹同正手快指球。挡球的击球点较平抽球低一些。

反手平抽球击球动作：击球时前臂外旋带动手腕屈收内动，利用拇指的顶力向前推送发力击球。球的飞行弧线同正手平抽球。

（3）击球后，前臂以制动动作结束，收拍成准备姿势。

186. 中场正手接杀拨球技术有何要领？

（1）准确、适时地判断和移动，持拍手的肩肘关节外旋，带动手腕稍做回环引拍，伸向右侧来球方向，当右脚跨步触地时，运用比正手网前勾对角线小球稍大的动作击球，食指向前推送发力击球，使球齐网向前飞行，落入对方两位选手间的中半场空当。

（2）击球后即刻复位成击球前的准备姿势。

187. 中场反手接杀拨球技术有何要领？

（1）准确、适时地判断和移动，持拍手的肩肘关节内旋，带动手腕稍做伸腕引拍，伸向左侧的来球方向，当右脚跨步触地时，运用较反手网前勾对角线小球稍大的动作击球，加大击球力量和击球拍面角度，拇指向前推送发力击球。击球后，球的飞行弧线和轨迹同正手接杀拨球技术。

（2）击球后，持拍手迅速回收成准备姿势。

第三篇

羽毛球运动战术问答

Q1. 羽毛球基本战术包括那些？

（1）发球、接发球的战术意识及运用。

（2）前场击球技术的战术意识及运用。

（3）中场击球技术的战术意识及运用。

（4）后场击球技术的战术意识及运用。

（5）双打击球技术的战术意识及运用。

Q2. 单打的基本战术一般有哪些？

单打基本战术一般有拉吊突击进攻战术、发球抢攻战术、守中反攻战术、下压进攻控制网前战术和压底线战术。

Q3. 什么是拉吊突击进攻战术？

这种战术是利用快速的平高球、吊球、杀球和网前搓、勾球，准确地将球击到对方场区的后场底线两角和前场网前两角这4个点上。

Q4. 拉吊突击进攻战术有何特点？

通过多拍快速拉开调动对方，使其前后来回大范围地奔跑，在双方控制与反控制较量的过程中，一旦对方出现回球质量不高或偏离中心位置时，我方即可抓住机会，寻其空当突击进攻。因此，运用这种战术时攻击球的落点角度要大，速度要快，充分调动对方，使其最大限度地移动，抓住机会球进行快速突击，以取得较好的战术效果。

Q5. 根据对手特点，如何选择可以采用的拉吊路线？

（1）如果对方的灵活性较差，跑动、转动较慢，那么拉吊时可多采用小对角线球路，加大对方接球的难度，迫使其身体重心不稳而失误。例如，对手在反手网前勾对角后，正手后场往往会出现空当，此时似乎应推直线。然而，如果此时运用推对角后场，距离虽然看起来近一些，但对方击球时却需要小对角转动身体，用头顶击球，这对于身体灵活性较差和跑动、转动慢的选手来说，就加大了移动难度，接球也就更困难。

（2）如果对方是步法好、身体较灵活且移动速度快的选手，他出球后回中心位置很快，则应选择重复路线的球，或使用假动作以破坏其步法起动节奏，增加其回球难度，使其起动、移动不舒畅，以打乱其前后场快速移动的优势。

（3）如果对手步法移动慢，则可采用快速拉前、后场大对角路线的战术。即通过不断快速拉开调动对方，迫使对方出现空当，伺机突击。

6. 什么是发球抢攻战术？

根据对方的站位、反击能力、接发球路线和当时的思想状态等情况，有目的、有意识地采用多变的发球，争取由发球开始就掌握场上主动，为自己创造进攻机会。这种战术用于对付经验不足和防守能力较弱的选手比较有效。特别是当比赛进入关键时刻，比分出现相持，通过打破常规，突然改变发球方式形成发球抢攻之势，陷对手于被动，可有效地打破僵局。

发高远球战术。高远球在空中的飞行时间长、距离远，可以有效地将对手从中心位置调至底线位置，使其不便直接发动强攻。如对手后场击球失误较多，不善于接又高又远垂直下落的高远球时，就要坚持多发高远球。

运用发球抢攻战术时，应注意观察对方接发球的注意力。当对方注意力高度集中时，可适当放缓发球时间，待对方注意力的"最佳点"下降后再将球发出。若对方接发球注意力不太集中，则可迅即发球，使其接发球被动。同时，还要注意发球的落点及出球的弧线要合理。

7. 什么是守中反攻战术？

如果我方的防守能力好，足以抵挡对方的进攻，而对方又喜好盲目进攻且体力又差，这种情况下可选用守中反攻战术。这是一种后发制人的战术。通过先将各种来球回击至对方后场，以诱使对方发起进攻，在对方只顾进攻而疏于防守时，我方即可采取突击反攻，或当对方疲于进攻、体力耗尽、速度减慢时我方再发起进攻。其特点是通过高球、推球和适当的吊球、搓球、勾球等球路变化，与对方展开持久的抗衡，诱使其急躁，造成失误，或当对手陷于被动、进攻质量稍差时，我方应抓住有利时机进行反攻。

8. 什么是下压进攻控制网前战术？

这种战术先发制人，以快速凶狠、凌厉的进攻，从速度、力量上压住对方，速战速决。其特点是先以速度、力量不同的吊球、劈球、点杀、轻杀、重杀球将球下压，创造机会上网，以搓、推、勾球控制网前，将对方的注意力吸引至网前，再配合以平高球突击对方底线，创造中后场的进攻机会，再全力发起进攻。这种战术对付身材高大、步法移动慢、网前出手慢和接下手球吃力的选手较有效。通常可以直线长杀、对角点杀和劈杀上网搓、推、勾控制网前，或通过中后场的重杀、轻杀创造网前机会，上网控制。实战中，当来球质量不高，在中后半场时，我方应采用重杀。如对方来球质量很好，可采用轻杀，以保持较好的身体重心，目的是下一个球上网控制网前。

9. 什么是压底线战术？

反复用快速的高球、平高球、推球击至对方底线附近，特别是对方反手后场区域，造成对方被动，当其注意力集中在后场时，再以快吊或突击点杀进攻其前场空当。此种战术对付初学的选手较有效，因为初学者一般技术不熟练，特别是反手后场的还击能力差，进攻后场往往容易奏效。

第一拍发后场边线高远球，重复两次直线平高球后，突然扣杀对角线或吊对角线，如第一拍发左场区3号位高远球，第二拍对方回直线高远球，第三拍用平高球成功地重复压左后底线一角，第四拍对方被动回直线高远球，第五拍即可杀球或吊对角线球。

对付急于上网抢网和后退步法起动移动比较慢的对手，通过反复多次的平高球压对方至后场，在其注意集中于后场时，再以快吊或扣杀进攻其前半场。

10. 什么是双打的基本战术？

双打的战术目的就是设法给对手制造混乱，调动对手，使其出现漏洞，或由于位置错乱、失误引起争吵，出现漏接等现象。

11. 双打的基本战术有哪些？

攻中路战术、攻人战术、后杀前封战术、守中反攻战术、软硬结合战术。

12. 什么是攻中路战术？

当对方在防守状态下左右分边站位时，我方进攻要尽可能把球攻到对方两人之间的中场空当区域，造成对方抢击球发生碰撞，或相互让球出现漏接失误。这是对付配合不默契对手的有效战术。

攻半场战术是攻中路战术的另一种形式，当对方处于进攻状态下两人前后站位时，可将球回击到其中场两人前后之间靠近边线的位置上，这样也能造成对方抢接或漏接。

13. 什么是攻人战术？

如对方两人中有一人技术水平稍差，集中力量盯住弱者打，不让他有调整的机会，这叫攻人战术。运用这种战术时，如果对方已经意识到我方的战术意图，加强了对弱者一方的保护时，可采用先盯住技术水平差者攻几拍，然后突然改用攻技术水平强者的战术。强者为保护弱者，已将注意力集中在弱者，此时再突然转攻他反而容易奏效。

攻人战术也可采用先集中力量对付技术水平较高者，消耗其体力，削弱其战斗力，然后再趁机进攻技术水平较差者，或采用突击其空当的战术。总之，战术的运用不是一成不变的，必须根据当时的情形灵活运用方能奏效。

14. 什么是后杀前封战术？

这是双打中最常见的进攻战术。当处于主动状态进行强攻时，一名选手在后场大力杀球进攻，另一名选手在网前努力封堵对方回击的球。后场选手进攻时要注意攻球的落点位置，前场封网选手应根据对手回球习惯，积极、有意识、有准备地封堵对方的出球路线，避免消极地等待。一般情况下，当后场选手杀大对角线、中路、小斜线或采用攻人战术时，前场封网选手都应将来球的重点放在封住对方的直线球上。

15. 什么是守中反攻战术？

这是对付后场进攻能力差或是为消耗对方体力而采用的一种后发制人的战术。通过拉后场底线两角诱使对方在左右移动中进攻，我方通过防守，伺机进行反攻。运用这种战术的前提条件是必须具备一定的防守能力，能守住对方的进攻才能有反攻的机会。

Q 16. 什么是软硬结合战术？

通过吊网前或推半场等球路，使球向下飞行，创造机会，迫使对方起高球，被动防守。进攻过程中，如不能成功，可再通过软吊网前或是拨击半场等球路，待对方挑球质量不高时再次发起进攻。运用这种战术时，进攻的对象通常是对方上网接球、处于匆忙后退中的那名选手。

在对方防守位置很好、回球质量很高的情况下，组织进攻应采用以打落点为主的软杀、点杀技术，以直线小对角路线杀球、大对角斜线进攻创造机会，迫使对方回球质量下降，再做大力扣杀强攻。

Q 17. 什么是混合双打的基本战术？

混合双打是由一名男选手和一名女选手搭配组成的双打，基本技、战术同双打很相似，但由于女子选手在技术和速度、力量等方面都要比男子选手差一些，往往是被攻击的主要对象。

Q 18. 混合双打运用战术的方式与双打有哪些不同？

一是站位与双打不同。混合双打女选手攻击力较男选手弱，主要站前场，负责封住网前小球；而男选手能力较强，负责中后场的大范围区域，形成男选手在后、女选手在前的基本进攻队形。男选手发球时站位要较双打后移至中场附近，此时女选手应站在靠近前发球线附近。发球后，男选手立即准备守住中后场，女选手则立即准备封住前半场。

左右站位时，无论女选手在左区还是右区，往往只负责守住靠近边线的三分之一区域，而将场区的大部分区域留给男选手，这样女选手防守范围小，防守起来也相对容易些。

二是女选手往往是被攻击的目标。进攻时通常都围攻女选手，防守时也设法将女选手调至后场，使其向左右两角奔跑，不但消耗其体力，而且还抑制了男选手的后场进攻威力。

因此，被攻击的女选手可采用回击对角线路球来限制和摆脱对方强有力的进攻。由于对角线路相对直线距离稍长，击球威胁相对直线要小些。同时，当女选手击对角线路球时，男选手处于直线位置，便于防守。

19. 打比赛被对手追平比分，决胜局到底该怎么打？

（1）第一局比赛，即使以非常大比分取胜，也不能轻视对方。

（2）第二局比赛，做好对方反扑的心理准备，高度重视每一分，绝不能有随意发球下网给对方轻易送分这类情况发生。

（3）第二局最后的关键分阶段，建议我方采用稳守反击的策略。首要是我方不漏出明显破绽，多采用前阶段我方得分概率大的技战术，等对方漏出破绽我方再加强进攻。而对方由于本局输就会输掉全场比赛，心理压力比我方大，在长时间相持中和进攻时更容易失误。

（4）第三局比赛前，我方要放平心态，认识到双方实力相当，双方回到了同一起跑线，及时总结经验教训，更全面认识对方的长处和短处，及时调整战术。

（5）比赛过程中，我方两人要始终相互鼓励，绝不能相互埋怨，在落后情况下更要和同伴多沟通交流，及时调整战术。

20. 怎样解决业余男双中发、接发阶段的问题？

减少发球直接失误、接发时一定要注意对手偷后场、接发一定要跟进。

21. 怎样才能做到准确的预判？

看对方击球时的站位、看击球点的高低、看对方击球时的发力、看球从拍弹出的速度与方向、观察对方的回球习惯并根据自己的经验判断。

22. 如何保持球场上的连贯性？

注意意识的连贯性、步法的连贯性、挥拍的连贯性及整体动作的连贯性。

23. 为什么有时觉得在打球的时候慢半拍？

（1）对来球的反应速度。良好的预判习惯：自己出球后，迅速将视线、注意力集中到对方持拍手及手臂上。主动进攻中的回球，为了保证不降低进攻的连续性，可以预判和提前起动，并且相关站位也不是教科书般的始终回中，而是相对回中。回球质量高时，下一拍就要有上网扑的意识。这样才可以综合提高自己对来球的反应速度。

（2）步法移动及身形调整速度。①前脚掌着地准备、合理地起动。②迈步前找准蹬地发力脚，重心移动。

（3）击出的球速。①在身体舒展的情况下，养成起跳击球的习惯，不要求跳多高，因为起跳可以充分利用上蹬地与腰胯的力量。②尽量将击球点放在身体前上方，迎球去击打，抢第一时间出球。③引拍过程，前臂、手腕、手指一定要放松，内旋、握紧、触球一系列动作尽可能加快，爆发力决定出球速度。④击球时手臂伸展，高球与侧身位平抽一样，把握好击球时球与身体的距离，这样才有足够的挥拍发力空间，以保证正拍面打准甜区。

24. 在羽毛球技术上升期打比赛经常一轮游，怎么样才能调整好低落的心态？

建议放平心态，不要太看重比赛结果，多考虑下自己发挥得如何，技战术有没有问题。如果可以的话请朋友全程摄像，之后回看可以看出很多问题，更细一些可以分别统计在各个技术环节和区域的得分和失分情况，在之后的训练中有针对性地强化训练。成绩提升是不断积累的必然结果。

25. 为什么羽毛球双打很多反手接杀？

正手接杀的有效区域是正手远身、正手上手。

反手接杀的有效区域是反手侧、追身、正手近身。

对于双打来说，由于有两个人，每人负责区域较小，基本可以通过调整站位让反手接杀有效区域覆盖负责区域，所以大多数情况下都是反手接杀。正手接杀一般是判断对手只能杀平球时抓机会反抽用的。在握拍正确的情况下，近身球和追身球时反手能保证拍子在身前时拍面朝前，而正手做不到。正手只能在正手近身接杀时让出身位才能还击，而且只能挡网，单打时由于负责区域大有时下意识用正手，双打反手接杀能挡网、变线、挑后场，自然更好。

26. 为什么打羽毛球经常看着球落地但脚迈不出去？

（1）没有预判球的线路，有经验的运动员会通过对方身体姿态、挥拍轨迹等信号来判断球的飞行线路。在出球的瞬间，就应该对球的落点有个大体的判断，从而马上调整身体姿态去接球。如果你的预判没有到位，身体就不大可能到位。

（2）身体没有准备好接球，没有做提踵、屈膝、提高重心等准备动作，脚下也没有分腿垫步的起动动作，自然也不可能很快做出反应。

27. 羽毛球单打时如何观察对方弱点并给予针对？

（1）一上场相互试探，双方都收着打，一方面为了热身减少失误，另一方面试探对方的能力，基本上是相互拉吊，试探一下对方的基本功。

（2）各自使出杀手锏。如果相互试探发现没什么便宜好占，那就各自用自己最擅长的打法。

（3）从战术上来说，抓对手的固定球路。

（4）从战略上来说，寻找自己强于对手的方面，想办法把对手拖入自己的节奏中用自己强于对手的方面战胜对手。

28. 混双接发如何选择线路？

（1）球往上走。不管是推中路还是分边，如果出球的弧度高，形成球往上走的局面，对手就相对好处理，可挡可抽。这里要注意一个问题，在对手发球质量比较好的情况下，越是发力球越可能往上走。这也是业余球友回球弧度比较高的原因，业余球友在加力和减力的选择上，往往都偏好加力。

（2）球往下走。不管是推中路还是分边，如果出球弧度控制得很好，形成球往下走的局面就可以造成对手的被动，冒险挡网或起球。要保证出球往下走有一定难度，需要接发拿到比较舒服的点及对出球轻重的精准控制。

（3）理解来回球路的角度是关键。①推压中路球，对手只能通过斜线球追两底线。②推两边球，对手可以通过直线球追底线。

29. 右手持拍，右后场步法怎么先出左脚？

右后场步法可以两步或三步。

两步法：左腿蹬转时右脚顺势跨一小步—左脚—右脚。

三步法：左腿蹬转—右脚—左脚—右脚。

其实上面说的步法只是一个比较规范的模式，真正运动起来瞬息万变，很多情况下需要微动作过渡调整。两步法和三步法的区别无非是右脚那一步明显与否，如果与球落点距离较远，就需要明显出右脚，如果球落点相对不太远，蹬转的同时右脚右跨一小步即可。二者的区别只在于右脚是需要明显迈出，还是和蹬转算在一起完成。由于步法越简单越好，如果能够和蹬转一起完成就无须算作三步了。

30. 怎样更好地运用网前抹球技术？

正手抹球：正手握拍动作，拍头翘起，稍高于网顶，抢到击球点时，完全依靠手腕的力量旋转，正拍面从右向左抹过去，要轻柔，感觉像是在抹一面墙。球就会随着抹的方向朝对方的右侧飞出，有推的感觉，但是比推球要轻。发力大，容易触网。

反手抹球：反手握拍法，动作及要领和正手一样，只不过是从左往右抹，球飞向对方的反手方位。

需要注意：抹球是往对角飞，和勾对角一样。在正手位的时候采用正手抹球，在反手位的时候采用反手抹球。如果在正手位采用反手抹球（或在反手位采用正手抹球），球很容易出界。

因为抹球发力比较柔和，所以需要在实践中多训练才能熟练掌握力度。总体来说，网前球不像后场那样暴力，但是更考智慧和思路。遇到网前球，需要多思考，什么样的球适合扑，什么时候勾对角，什么时候抹球，多练、多想，进步会很快的。

31. 何谓拉开战术？

拉开战术是指把球打到对方场区左右、前后不同点上，使对方离开中心位置。拉开又分为全场拉开、左右拉开和前后拉开。通过拉开可调动对方、控制对方。

32. 单打有哪些战术？

发球抢攻战术、攻后场战术、逼反手战术、打四点球突击战术，以及吊、杀上网战术与先守后攻战术。

33. 何谓四方球战术？

四方球战术是把球打在对方场区的四个角上，调动对方，伺机进攻。这是一种防守反攻战术。

34. 何谓杀上网战术？

杀上网战术是指杀球后迅速向前移动，封住前场，以扑、搓、勾、推等技术连续进攻。杀上网是一种进攻性战术，通过杀球，控制网前，争取主动。

35. 接发球战术有几种？

接发高远球战术、接发平高球战术、接发网前球战术、接发平快球战术。

36. 如何压反手？

压反手是一项有效的战术，应抢先压对方反手。对付反手高球时，要快速后退到位，以便回球，击球动作要快而隐蔽，球路多变，造成对方被动。

37. 如何定位业余混双中男女球友的战术要点？

混双中，女球友技战术要点：以封网和做球为主。①务必管好网前。②以放、搓、推、封、扑、勾为主，迫使对手起高球。③防守，以平抽平挡为主；对付对方男队员势大力沉的杀球，以下蹲平挡为主。④要有良好的配合意识，男搭档杀直线，则封直线；杀斜线，则封斜线。⑤对方攻到中后场的球，要让，不要抢，更不要勉强接。

混双中，男球友技战术要点：业余圈男选手基本上是一个人守全场，这就要求男选手能够对球路做出正确的判断。①发球过网。②苦练发球，不发高球。③苦练接发球，接发不挑高，首选扑、放，球往下走。④苦练网前球，搓、扑、勾、推、放，尽量不下网。⑤中场不停留，偶尔跑到中后场接高球后，及时回位，回到网前。⑥不抢球，过肩不抢，永不回头，放心交给后场搭档，自己准备下一拍。⑦不要后退，参与接杀防守。⑧击球后，举拍、降重心、保持起动状态。

38. 双打的进攻落点有什么讲究？

接发球，通过良好的预判，抢到高点位置，推对方边线腰部位置，时刻要有封网意识。

对方防守状态，左右站位：进攻方要尽可能地把球攻到对方两人之间的中场空当区域，造成对方抢击球发生碰撞，或相互让球出现漏接失误。这是对付配合不默契对手的有效战术。

对方进攻状态，前后站位：进攻方，攻半场，俗称"打腰"，是攻中路战术的另一种形式。打腰，就是将球击到对方中场、两人前后之间，靠近边线的位置上，这样也能造成对方抢接或漏接。

双打攻中：典型的攻中路。防守站位时，打两人中间，引发互抢互让；打两人前后结合部，引发的互抢互让。横攻中腰，常用于接发球。横攻中腰时，推拨到对方两腰之间，对手只要稍微犹豫，不默契，精神不集中，就会导致互抢互让。很多时候下手球只要到这两个腰位，即使被对方接到，回球也会很被动，基本都是挑高球回直线。

39. 如何打好混双"第三拍"？

混双的第三拍和发球有着同样的重要作用，它直接决定你在这一分球中是主动、被动还是相持。下面这三种状态说明的是一般情况下，男、女不同队员的站位和分工。主动时，第三拍保持进攻的战术。

当我方发球质量较好时，有两种情况：

（1）女队员发球，那么女队员可直接封住前半场区。因为发球好，迫使对方回球有些向上，所以只要能举拍封住前半场对我方就有利。当女队员右边发球时，发完球应向左边移一点，防左边网前，右边网前的防守要由男队员负责。女队员右边发球，上去一步去左边封网，男队员负责右边。

当女队员左边发球封右边时，左边网前的防守要由男队员负责。可以说，女队员以封住对方的直线球为主，但是男队员要注意搭档封直线失败而漏过来的球，另外，要注意保护对方回过来的对角球。如能判断到对方打对角网前，也可封网，特别在对方手法不好，出球质量较差时，可由女队员直接封网，一般情况下，女队员能封对方的直线来球是最理想的了。

女队员左边发球，跨一步封右半区网前。

无论是在哪个区域发球给对方男队员，当女队员发球过高时，总会遭到对方男队员扑网前。

（2）当男队员发球，则由女队员负责封网。男队员从右场区发球时，女队员的站位是在左前场区，因此，当男队员发1、2号区时，女队员就专心封好左前场区和中路网前，此时，如对方回击右前场区的弱区，则由男队员去补救；男队员右边发球，女队员直接左边网前击球。

当男队员从左场区发球时，情况就不一样了，因女队员的站位靠近中线，当发2号区时，女队员可封整个前场区。当发1号区时，女队员重点封住右边线。当然，由于发球与站位针对各种配合有不同的站法，可按自己的特点进行封网分工。发2号区域，女队员第三拍封网前。

男队员左边发球，主要防左边，当对手推左边时，男队员上。

在一般情况下第三拍进行反攻的战术：对方回过来的球，对我方形成一种不主动也不被动的形势。我方只要处理好，便可获得主动权，处理不好就会造成被动。因此，出手和球路成了关键性技术。首先判断对方接发球后的站位及分工情况如何，从而考虑我方应打怎样的球路才有利于获得主动权。在获得主动时，不要打靠后的球给男队员，主要是网前放小球。

当对方的接发贴网时，挑后场也要挑得又高又远。

打好第三拍球要做到起动反应快、主动跟得上、被动救得起、出手迅速、能攻能守、球路变化多，使对手封不住网，从而创造更多的主动机会。混双搭档要具备前三拍的意识并且要提高前三拍的技术，还要加强第三拍前场封网及后场反抽反挡过渡的能力，以化解被动局面，还要养成第三拍尽量不起高球的习惯，唯有坚持此打法，才能掌握主动，赢球取胜。

Q40. 双打遇到相持阶段有什么转换方式？

相持阶段是双方都不肯起高球或变线，谁的平抽功底好，谁就能在相持中获取主动，也是攻防转换的一种重要的方式。

Q41. 双打时接球和发球环节有哪些精要？

发接发，最关键，球贴网，难变线；
发小球，不退还，盯对手，须靠前；
降重心，好应变，不下蹲，挡视线；
发高球，非重点；示同伴，守一边；
看对手，接球难，失重心，守网前；
接发球，要善变，扑推搓，见机选；

抢高点，别手软，扑放网，封网前；
球速慢，常被拦，假动作，两腰间；
瞄左边，推右边，看对角，搓网前；
球过顶，回球难，或劈吊，或高远；
第三拍，转折点，全力封，低和慢；
看拍型，做预判，快举拍，利同伴；
防对手，搓网前，推脑后，是首选；
推反手，莫乐观，平行站，更保险；
敌被动，重网前，左右封，鬼门关；
攻与防，常变换，不急躁，神相伴。

42. 双打基本站位打法有哪些？

前后站位打法、左右站位打法、轮转站位打法。

43. 右后场区高吊球的练习方法有哪些？

①正手直线高吊练习。②正手斜线高吊练习。③正手直线高球、斜线吊球练习。④正手斜线高球、直线吊球练习。⑤正手直线、斜线的高吊练习。

44. 左后场区高吊球的练习方法有哪些？

①头顶直线高吊练习。②头顶斜线高吊练习。③头顶直线高球、斜线吊球练习。④头顶斜线高球、直线吊球练习。⑤头顶直线、斜线高吊练习。

45. 如何进行不固定高吊球练习？

①两点移动高吊左场区。②两点移动高吊右场区。③两点移动直线、斜线高吊右后场和右前场。④两点移动直线、斜线高吊左后场和左前场。⑤两点打四点。

46. 高杀球路有哪些？

①直线高球杀直线。②直线高球杀斜线。③斜线高球杀直线。④斜线高球杀斜线。⑤两点高球杀定点。

47. 吊杀有哪些球路？

①吊直线杀直线。②吊直线杀斜线。③吊斜线杀直线。④吊斜线杀斜线。

48. 杀上网有哪些球路？

（1）固定杀上网练习：①直线高球杀直线上网。②直线高球杀斜线上网。③斜线高球杀直线上网。④斜线高球杀斜线上网。

（2）半固定或不固定杀上网练习：①两点移动高、杀上网。②半固定高、杀上网。③高杀对接高杀。④高杀对高杀。

49. 吊上网有哪些球路？

（1）固定吊上网练习：①直线吊上网练习。②斜线吊上网练习。

（2）半固定吊上网练习。

50. 如何选择羽毛球战术？

选择战术首先不能脱离自己的实际情况，要根据自己的技术水平、打法、体能、心理素质等情况及对方的情况，在击球的一瞬间选择对自己有利的回击球路。"以己之长，克敌之短"或"以己之短，克敌之劣"就是最正确、最佳的战术选择。

"以我为主、以快为主、以攻为主"是我国羽毛球战术的指导思想。

"以我为主"即不要脱离自己的技术、体能、心理素质、打法特点去选择战术。

"以快为主"即在战术的变化和转换上体现"快"的特点。发现对方技术、战术优缺点后，改变战术要快、要及时，进攻转防守、防守转进攻、过渡转进攻、进攻转过渡的转换速度都要快，要抓住有利时机迅速转换。

"以攻为主"即在制订战术时要强调进攻的主导思想，在防守时也要强调积极防守。

51. 如何进行高球和吊球的取位？

如果你在后场回击高球或吊球时，能够打出弧度很平的直线平高球，使回球的质量很高，这时你向球场中心位置回位的移动就不需很大，也就是说不必回到球场中心位置，而只需要稍微向中心位置跟进一点，把注意力放在对方回直线球的位置上，同时提防一下对方回斜线球就可以了。如果你是回击对方斜线后场球，这时向球场中心位置的移动就要大一些，跟着球移动，重点放在对方回击直线的吊球或后场球。总之，如果你回直线球，那么向球场中心位置的回位移动可以小一些，若回斜线球，回位移动的位置要大一些，跟着回球的方向移动，主要是保护后场直线或网前直线。

黄衣（下）劈吊斜线后跟球回中

52. 如何进行杀球的取位？

当你在中场附近将对方来球扣杀过去并且质量较高时，你可直接往前移动，注意封网前。也就是说半场球扣杀时，在主动的情况下，把握很大时，可以往前多压一些，杀完就往前跑，准备在网前回击对方来球；当你在后场位置杀球，杀过去的球质量和位置都不太好，且对手又有接杀挑后场能力时，不要急于冲上去等在前场，应先向前垫一小步，判断对方的出球方向，然后再移动。

白衣（上）杀球后积极上网

53. 如何进行网前球的取位？

当你的搓球或网前小球击球点较高且回球质量很高时，你不一定要马上向后退，因为此时对方的回球只有两种情况，一是将球反搓过网，二是将球向上挑起。如果是向上挑起的话，你有时间向后退。所以，取位的重点就是防止对方反搓。当你搓完球后，可以不往后退，仅稍微向后垫一步，准备封对方的回球。当你的搓球质量不高，打过去的球很高，且站位又在左、右前场区域时，对方很可能要平推后场，这时就要迅速后退，重点防后场球。总之，当你回击的网前球质量很高时，不必急于后退，取位重点在前场，争取下一拍进攻。若出球质量不高位置又不好时，就要稍向后退一点，重心放在后场，但仍须照顾前场区。

黄衣（下）放网后仅向后垫一步

54. 如何进行接杀球的取位？

接杀球的整个位置移动，要跟着出球的路线走。如果回直线球，身体应面对直线这边，侧重防对方回直线的半区，如果从右或左半场回对角线球，身体就要向左或右半场区移动。也就是人要跟着球走，你向哪个方向回击球，就应向着回击球的方向移动。

黄衣（下）接杀后直线上网

55. 什么是发球抢攻？

发球抢攻是比赛的重要得分手段，发球可根据对手的站位、回击球的习惯球路、反击能力、打法特点、精神和心理状态等情况，运用不同的发球方法，取得前几拍的主动权。通过这一战术的运用，打乱对方的整个战略部署，让对方措手不及。特别是在关键时刻，运用

发球后抢网

发球抢攻战术能够取得不同的效果，如相持时可以用它来打破僵持的局面，力争主动；领先时可以用它乘胜追击，一鼓作气战胜对手；落后时可以将它作为最后一搏，力挽狂澜，反败为胜。

56. 什么是接发球抢攻战术？

接发球抢攻战术是接发球战术中最有威胁的一种战术。但是，前提是对方发球的质量欠佳，如发高球时落点不到位；发前场区球过网时过高；发平射球时速度不快，角度不佳；发平高球时节奏、落点、弧度不佳等都会给接发球抢攻带来机会。离开这一前提条件而盲目地进行抢攻，效果就差，成功率就低。除此以外，还要有积极、大胆的抢攻意识。要获得抢攻战术的成功（得分），还需根据自己的技术特点和身体条件，同时结合对方的技术特点。例如，当对方从右场区发平高球落点欠佳，造成我方发动抢攻的极好时机，就要运用自己最擅长的技术，抓住对方的弱点，果断大胆地抢攻。抢攻战术大都要有两三拍抢攻球路的组合才能奏效。所以一旦发动抢攻就要加快速度，扩大控制面，抓住对方的弱点或习惯路线一攻到底，一气呵成完成整个组合的抢攻战术。

57. 双打发球有哪些站位？

发球的站位与发球的飞行路线、弧线、落点和第三拍的击球都有关系。

（1）发球者紧靠前发球线和中线。这种站位始于反手发网前内角，球过网后球托向下，不易被对方扑击。由于站位靠前，也便于第三拍封网。但站位靠前不利于发平快球，一般是发网前内角位球配合发双打后发球线的外角位平高球。

（2）发球者站位离前发球线半米，靠中线。这种站位发球的选择面较广，正、反手都可发网前球、平快球、平高球，并且各种路线都可以发。但球的飞行时间长，对方有较多时间判断处理，发球后如果抢网较慢也容易失去网前主动权。

（3）发球者站在离中线较远处。这种站位主要用于在右场区以正手和左场区以反手发平快球攻对方双打后发球线的内角位，配合发网前外角。值得一提的是，这种发球只能作为一种变换手段。因为这种发球只对反应慢、攻击力差的对手有一定威胁，对方有了准备时作用就不大了，而且会使自己陷入被动。

58. 发球路线和落点的选择需注意哪些问题？

（1）调动对方站位，破坏对方打法。如对方甲、乙两名队员站成甲在后、乙在前的进攻队形，在发球给乙时可以后场为主结合网前，而发球给甲时却要以发网前为主结合后场，这样，从发球起就阻挠了对方调整站位。

（2）避实就虚，抓住对方弱点发球抢攻。首先要看接发球者的站位，如果对方紧压网前站在网前内角位，可用发网前与后场动作的一致性发球到对方后场外角位；如对方离中线较远，则可发平快球突袭后场内角位；对接发球路线呆板、变化少的队员，可发球后抢封突击。

（3）发球要有变化。发球时，网前要和后场配合，网前的内角、外角位及底线的内角、外角位配合，使对方首尾难于兼顾，多点设防，疲于应付。在发球的弧线上也要有变化，这样接球方就难以摸到发球方的规律。

59. 羽毛球双打接发球有哪些战术？

接发内角位网前球，接发外角位网前球，接发内角、外角位后场球。

60. 如何根据对手情况制订双打战术？

（1）对一强一弱的配对。所谓"强"，就是技术、思想、心理、体能等主要因素均较好，反之是"弱"；或者有等级差别的选手，如有一名是运动健将或国家队队员，另一名是省队队员；或者是同级别，但是在防守上一强一弱。

遇到这样的配对，必须坚决采用攻人战术，集中优势兵力二打一可取得较好的结果。

（2）对单打技术好，而双打技术和能力差的配对。首先在发球、接发球上争取主动，战术上采用猛抽快打的方法，在前半场要采用并排对攻快打、硬推、硬压的战术。如仍占据不了优势，也不能着急，要把球拉到底线，然后从防守中找机会，进行平抽两边封网再对攻。总之，要快、要硬、要狠，如果慢了、软了，对方就可以发挥优势，对我方很不利。

（3）对一左一右的配合。和这种对手比赛，一定要沉着冷静地分析这一左一右是如何站位的，从接发球就要分清谁在前、谁在后，要根据对手的站位来决定我方采用的战术路线。如果未弄清楚，可以采用打中路球攻中路的战术。

（4）对习惯采用半蹲防守的对手。遇到这种对手千万不要长杀，以免正中其下怀，而应采用半杀战术与半杀左下方的战术与其周旋，伺机待发。

（5）对拉两边线较好的防守型的配对。遇到这种配对，思想上要做好艰苦作战的准备。因为对方防守好，又以拉两边底线为主，来回次数必然较多。同时要有耐心，不要想一杀就得分，更要重视相互的配合，多采用杀吊结合的战术，不要盲目乱杀，以免消耗体力过多而收效甚微，应该稳扎稳打，遇到不利的情况时先吊后杀，吊一吊再杀，保持体力，看准时机，坚持到最后，胜利的希望就越大。

61. 双打配合中需要注意哪些问题？

共同的目标是双打配合的思想基础，要做到互相信任，要互相鼓励、互相补缺，在战术上要做到互相了解。

62. 在混合双打获主动进攻机会时如何运用攻女队员的战术？

当获得主动进攻机会时，对方已形成男女两边防守的阵势，我方就得抓住这有利时机运用攻女队员的战术，如攻女队员右肩战术、杀吊女队员的结合战术、杀女队员小交叉的战术、杀中路至女队员一边的战术。总之，应该集中力量运用攻女队员的战术。当然，这一般是就女队员的防守能力比男队员差的情况而言。如果在比赛过程中我方发现男队员防守能力下降，也不一定坚持运用这一战术。

对女队员先吊后杀

63. 在混合双打两边中场控球时，如何运用攻女队员的战术？

所谓中场控球，就是对方打过来的球，我方不主动也不被动的情况，处于控制的阶段，此时如何运用攻女队员的战术呢？首先，要明确此时是处于控制阶段，不要把球打到对方男队员手中，而应该把球打到女队员的防守区域，以便从中获得主动权。

例如，我方女队员发1号区，对方女队员接发推半场球，我方男队员处于控制阶段，此时，要分析对方女队员的位置及封网特点，如女队员封直线的意识较差，而且位置较靠近中线，此时，我方可回击一直线半场球，球的落点要使女队员跑动回击，由于她判断封网意识较差，又站位靠中线，必然不能主动回击，就有可能回击出高球，以利我方主动进攻。假设对方女队员站在偏边线的位置准备封我方的直线半场，此时我方可回击对角网前，造成对方被动起高球。又如对方接发放网，我方也可回击两条路线，但一定要注意我方是要实行攻女队员的战术，因此，球一定要打到女队员的防区，让她去处理球，不要太用力，防止把球打到中场让男队员去处理。然后我方女队员封紧网前，让对方队员打出高球，这种战术就是成功的，反之，被女队员封住就被动了。

在处理这种球时要注意的是"巧打"，而不是"硬打"，特别要注意判断对方女队员的封网意图，最要紧的是有高质量的回击球路，一是球要出乎对方女队员的判断，二是要有高质量的过网弧度，弧度要平，不易被对方女队员扑死，只能推，这样就有利于我方控制，从中找到迫使对方回击出高球的可能性。

64. 在混合双打接发球时，如何运用攻女队员的战术？

当我方接发球时，可直接运用攻女队员的战术，总的要求就是把球回击到前场，如放网、放对角网前、轻推直线半场或轻拨对角网前，这些球都会促使对方女队员跑动回击，如攻击质量好一些，我方就可获主动进攻权，如质量差则易被动。

当我方遇到对方男队员水平较高，而女队员相对较差一些时，运用这种战术是很有效的。反之，男队员水平一般，特别是后场攻击水平一般，而女队员网前封网水平很高，我方就不一定要坚持运用这种战术，如女队员封网意识很强，而男队员在后场进攻对我方威胁不是很大时，应先过渡到后场区，再伺机反攻。

杀女队员且把女队员调到后场

65. 混合双打时如何攻中路？

比赛中有这样的情况，对方男队员在进行两边中场控制时，能力很强，威胁很大，他将直线结合对角球处理得很好，使我队防守的区域扩大，特别是女队员不易封住对方回击的平球。此时改用攻中路战术，会使对方的优点无法发挥。由于对方在处理两边线球时的手腕控制能力较强，打中路时对方这一优点无法发挥，如对方还是用以前的角度击球，就有可能因角度太大而出界，再则因为球在中路，对方易回击直线，我方女队员也易封网。总之，这一战术的作用一是让对方优点无从发挥，二是缩小我方男队员的防守范围。

66. 混合双打时如何运用杀对角攻男队员边线的战术？

当我方获得主动进攻机会之时，在一般情况下，均是采用攻对方女队员的战术，此时，对方男队员会尽量站在靠近女队员的一边，特别是在和女队员成直线进攻时，一般男队员会靠近女队员一边，造成男队员另一侧空当的局面，这时，就可使用杀对角攻男队员边线的战术。为什么男队员会靠近女队员一侧呢？因为他总感到女队员防守较弱，为了保护女队员。当然，使用此种战术的条件是女队员和进攻者成直线，而这种情况也较少见，因为一般被对方逼挑高球后，女队员均退到与进攻者成对角的一区，如遇到这种情况，就不易实行此种战术了。

67. 混合双打中如何运用杀吊结合战术？

在对方男队员要防守三个区域，女队员只防守一个区域的情况下，也可以考虑进行杀吊结合攻对方男队员网前的战术，以打乱对方的防守阵地。例如，女队员挑出不太靠后的球，她必然迅速后退，在这种情况下，采用杀吊结合战术也是很有实用价值的。

68. 混合双打中如何半杀结合长杀、重杀结合轻杀？

这些都是在主动进攻中应该掌握的技巧和战术。一味地重杀一个角度，当对方适应了也就没效果了，一味使用长杀易被对方采用半蹲防守对付。所以在进攻中除了要结合高吊，还得注意角度的变化，即落点长短的变化，以及击球力量的变化，即轻杀和重杀的结合。

69. 混合双打时怎样进行进攻中封网分工？

如我方获得主动进攻时，由于封网分工不明确，可能造成失去主动权。因此，封网明确分工是使我方的主动进攻能达到攻对方于死地的目的。

70. 混合双打时如何进行左场区进攻的封网分工？

当我方男队员获得左后场区主动进攻权时，如对方女队员和我方男队员成直线，我方杀直线，我方女队员则要封住左前场区的平球，特别要注意对方平抽对角线平球时，一定要能封住，以便减轻男队员的压力，此时对角网前是漏洞。如对方女队员和我方男队员成对角线，我方杀对角，女队员则要封住右场区，此时，对角左前场区是漏洞。

71. 混合双打时如何进行右后场区进攻的封网分工？

当我方男队员获得右后场区主动进攻权时，如对方女队员和我方男队员成直线，我方杀直线，我方女队员要封住前场区域的平球，左前场区是漏洞。如对方女队员退到对角区，此时我方女队员要封住左场区的平球，此时右前场区是漏洞。

72. 混合双打有哪些防守战术？

（1）混合双打之挑两底线平高球。

（2）混合双打之反抽直线勾对角战术。

（3）混合双打之反抽对角挡直线战术。

（4）混合双打之挡直线、勾对角网前战术。

73. 混合双打中应该注意哪些问题？

（1）注意处理好1号区的接发球。

（2）第三拍要注意处理好两边中场球，控制好两边中场球。

（3）在行进间女队员要特别注意封直线球，兼顾对角球。

第四篇

羽毛球运动知识问答

Q1. 羽毛球学习过程中有哪些原则？

（1）要牢记的是技术动作学习循序渐进的原则，戒骄戒躁。

（2）羽毛球技术动作的学习是要遵循长期性原则的。

（3）动作与动作之间存在各种迁移原则。

Q2. 羽毛球有哪些自我趣味练习方法？

（1）羽毛球颠球练习：用球拍正反手轻轻颠球，熟练后增加一些前、后、左、右轻切，让球旋转。

（2）羽毛球挑球练习：正反手垂直向上挑高球，尽可能保持球直线上下，越高越好。

（3）羽毛球打墙练习：找一空阔、平整的墙壁，离墙2～3米对墙击打。

Q3. 羽毛球初学者应该做哪些练习？

（1）练习前做好准备活动，否则很容易受伤。

（2）一定要注意击球前握拍放松，否则使不出力量。

（3）发球要从发高远球练起，熟练掌握后再逐步练习其他的。

（4）将球用一根软绳捆住，吊在高处，要正好够得着，人站在球的后方，用标准动作击打，可以将动作定型，要掌握击球点，以及转身、顶髋、甩臂、摆肘、回举等技巧。

（5）用拍击球对墙练习，由慢到快，由轻到重，由近到远。

（6）练习握拍，手指捻动，拍子发力时支撑点的爆发力。

Q4. 不同年龄层次的球友一般最适宜的活动时间是多久？

羽毛球运动适合于男女老幼，运动量可根据个人年龄、体质、运动水平和场地环境的特点而定。青少年运动量宜为中等强度，活动时间以40~50分钟为宜。老年人和体弱者运动量宜小，活动时间以20~30分钟为宜。儿童可作为活动性游戏来进行锻炼，让他们在阳光下奔跑跳跃，并要求他们能击到球。运动前要充分做好准备活动，并增强力量练习，运用正确的技术动作，选用合适的球拍、球及运动鞋，并在运动后充分放松。

5. 羽毛球比赛中出现团体比赛积分相同该怎么办？

2个队胜次（胜场次数）相同看两个队小组循环赛中的胜负关系，胜者列先；3个（或以上）胜次相同看净胜场，多者列先，如相同看净胜局，也是多者列先，如出现2个队这方面相同还是比较胜负关系。以上都相同净胜分（小分）多者列前，如以上都不能分出，只好用抽取的方式决定名次。

6. 在家如何练习羽毛球？

（1）可以练习球拍捡球：将球放在地上，用球拍挑起。

（2）找一个干净的新球对墙练习：正手—反弹—反手……如此反复对墙打球练习力量，逐渐地离墙越来越远。

（3）练习接杀，对墙扣球等反弹后接起。

（4）低手将球击打上天花板，反弹后接起，再重复，可以锻炼反应能力和腕部力量。

（5）将球拍由背后绕到身前垫球，锻炼控制能力。

（6）颠球（高度由高到低，可以配合侧向击球）。

7. 羽毛球运动起源于哪里？

羽毛球起源于两千年前的中国和印度，中国叫打手毽，印度叫浦那。

（1）羽毛球雏形：在14世纪末，日本出现了把樱桃插上美丽的羽毛当球，两人用木板来回对打的运动。这就是羽毛球运动的原形。

（2）发展：18世纪时，印度的浦那城出现类似今日羽毛球活动的游戏，以绒线编织成球形，上插羽毛，人手持木拍，隔网将球在空中对击，但这种游戏流行的时间并不长。

8. 现代羽毛球诞生在哪里？

现代羽毛球运动诞生在英国。1873年，英国格拉斯哥郡的伯明顿镇有一位叫鲍弗特的伯爵，他在自己的领地开游园会，有几个从印度回来的退役军官就向大家介绍了一种隔网用拍子来回击打毽球的游戏，人们对此产生了很大的兴趣。因这项活动极富趣味性，很快就在上层社会社交场中风行开来。"伯明顿"（Badminton）即成为羽毛球的英文名字。

9. 汤姆斯杯、尤伯杯、苏迪曼杯分别是什么样的羽毛球比赛？

世界羽毛球男子团体赛；世界羽毛球女子团体赛；世界羽毛球男女混合团体赛，1989年开始，每两年举办一届。

10. 目前羽毛球比赛先得多少分的一方胜一局？一局最多打多少个球？比赛采用三局两胜还是五局三胜？

目前采用21分，三局两胜，每局双方选手累计最多可以打59球。

11. 如何加强反手击球力量？

首先判断好对方来球的方向和落点，迅速将身体转向左后方，移动步法，最后一步用右脚前交叉跨到左侧底线，背对网，身体重心在右脚上，使球处在身体右上方。击球前，迅速换成反手握法，持拍于右胸前，拍面朝上。击球时，以上臂带动前臂，通过手腕闪动，自下而上甩臂，将球击出。在最后用力时，要注意拇指的侧压力与甩腕的配合，以两腿蹬地转体使全身协调用力。

12. 目前羽毛球比赛有哪几个项目？

目前比赛分为男子单打、女子单打、男子双打、女子双打、混合双打。

13. 羽毛球比赛方法有几种？

单循环赛、单淘汰赛、附加赛、预选赛。

14. 目前世界羽坛主要有哪些有影响力的比赛？

汤姆斯杯赛（男子团体赛）、尤伯杯赛（女子团体赛）、世界锦标赛（单项赛）、世界杯赛（单项赛）、苏迪曼杯赛（男女混合团体赛）。另外，还有各种大奖赛和其他国际公开赛，以及四年一次的综合性运动盛会——奥运会。

15. 羽毛球杀球最快时速是多少？

2017年1月10日，在印度羽毛球超级联赛上，来自丹麦的男双选手科丁在比赛中打出一计 426千米/时的杀球，一举打破李宗伟保持的417千米/时男选手最快杀球世界纪录。

16. 为什么羽毛球都是白色的？

羽毛球是用鹅毛或鸭毛做的，这两种毛一般都是白色的。从工艺上来说，染色是没有问题的，不过羽毛球是消耗品，一场比赛要换好几个，花钱染色不经济。另外，在空中飞行时彩色的球影响视线。

17. 历史上最悠久的羽毛球赛事是什么？

全英羽毛球锦标赛是历史上最悠久的羽毛球赛事，由英格兰羽毛球协会于1899年创办。最初由英国和英联邦国家选手参加，现在已成为全球性的羽坛大会战。

18. 羽毛球历史上第一位奥运冠军是谁？

羽毛球在1992年巴塞罗那奥运会才被列为正式比赛项目。而在那届比赛中，印尼羽坛情侣王莲香和魏仁芳就创造了一个纪录，两人分别在女单和男单比赛中夺冠，成为羽毛球历史上首位单打的男、女奥运冠军，他们在1997年结婚，创造了一段体坛佳话。

19. 世界上第一部羽毛球规则是谁制定的？

1875年，世界上第一部羽毛球比赛规则出现于印度的浦那。三年后，英国又制定了更趋完善和统一的规则，当时规则的很多内容至今仍无太大的改变。

20. 如何进行羽毛球的专项体能训练？

（1）运用适合于羽毛球特点的其他项目作为训练手段，如举重、田径、足球、体操等。

（2）运用其他项目的器械模仿羽毛球动作进行训练，如用网球拍挥拍等。

（3）将羽毛球动作分解成许多基本单位进行带球或不带球的强化训练。

21. 羽毛球十大品牌是什么？

（1）尤尼克斯Yonex：始于1946年的日本，世界知名的羽拍专业制造商之一。

（2）威克多VICTOR：始于1968年，国内最具规模的羽网系列用品的专业制造厂商之一。

（3）亚狮龙RSL：始于1928的英国，英国历史最悠久的羽毛球运动品牌之一。

（4）李宁Lining：中国驰名商标，中国最具竞争力的品牌之一。

（5）凯胜Kason：始于1991年，十大羽毛球品牌，国内羽毛球生产研发的领先品牌。

（6）川崎 KAWASAKI：始于1896年的日本，全球知名运动品牌之一。

（7）索牌SOTX：世界专业羽毛球知名品牌，专业的室内运动产品及相关服务的全体系经营公司。

（8）红双喜DHS：创于1959年，中国驰名商标，极具影响力的运动品牌。

（9）奥立弗OLIVER：始于1936年的德国，羽网系列用品的专业制造厂商之一，著名经典品牌。

（10）航宇HANGYU：创立于1990年，专注于羽毛球研发制造的专业企业。

22. 羽毛球裁判手势有哪些？

（1）双脚踩线与离地

根据规则9.1.2，发球员及接发球员应站立于斜相对的发球区内，并不得踩到发球区界线。规则9.1.3则指出，发球员及接发球员的双足必须部分与地面接触并固定，不得移动位置，从开始发球直到发球动作完成。当有以上情形发生时，发球裁判伸出右脚并以右手示意，表示发球员双脚离地或踩线犯规。

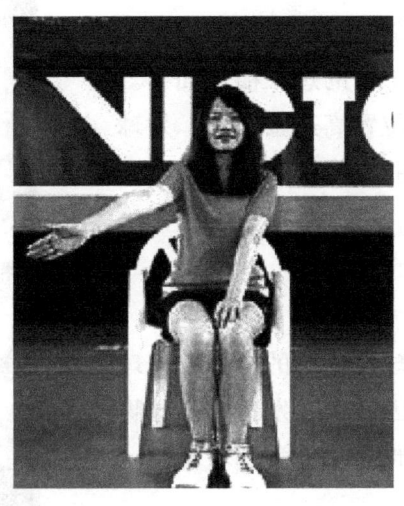

（2）发球未击中羽球基座

根据规则9.1.4，发球员的球拍应击到羽球的基座；当发球员发球未击中羽球基座时，发球裁判右手张开并以左手轻触右手掌，表示发球员发球犯规。

（3）发球过高

根据规则9.1.5，发球员的球拍击球瞬间，整个羽球应在发球员腰部之下（腰部的定义是发球员最低的肋骨的最下缘的想象横切面）。因此，当发球员的击球位置高过腰部时，发球裁判会以右手水平放置肋骨间，表示发球过高犯规。

（4）拍柄朝上

根据规则9.1.6，发球员球拍的拍柄于击球瞬间，必须朝向下方。因此，当发球员击球瞬间，拍柄朝上，发球裁判会垂直举起右手掌，表示拍柄朝上犯规。

（5）司线手势介绍

除了发球裁判之外，坐在球场底线、边线延伸线的椅子上的是司线。司线位置应该距离边线2.5～3.5米，负责判断羽球落点位于界内或界外，担任起羽球比赛的得分评断任务。以下是3种常见的司线手势。

第1种：球落在界外

假如羽球落在界外时，不管多远，司线必须迅速大声喊出"OUT"让球员与观众都能听到，并且两臂水平伸出，使主审能够清楚看见。同时，以坚定的眼神注视主审，确认主审清楚判决。

第2种：球落在界内

假如羽球落在界内时，无须宣告，司线将右手指向界线即可。

第3种：如未看见

如果司线未能清楚看见羽球（因球员身体刚好挡住视线或其他不可抗因素），因而无法判定球落于界内或界外时，应立即以双手遮蔽双眼，让主审知道。

23. 羽毛球比赛是如何计分的？

（1）21分制，三局两胜。

（2）每球得分制。

（3）每回合中，取胜的一方加1分。

（4）当双方均为20分时，领先对方2分的一方赢得该局比赛。

（5）当双方均为29分时，先取得30分的一方赢得该局比赛。

（6）一局比赛的获胜方在下一局率先发球。

24. 赛间休息与换边规则是怎样的？

（1）在一局比赛中，当领先的一方达到11分时，双方有60秒的休息时间。

（2）在两局比赛间，双方有2分钟的休息时间。

（3）在决胜局中，当领先的一方达到11分时，双方交换场地。

25. 什么样的情况属于发球违例？

（1）未将球发在相应的区域内。

（2）球挂在网上或停在网顶。

（3）球过网后挂在网上。
（4）双打时，接发球员的同伴接到球或被球触及。

26. 比赛进行中会有哪些违例？

（1）球落在场地界线外。
（2）球从网孔或网下穿过。
（3）球未从网上方越过。
（4）球触及天花板或四周墙壁。
（5）球触及运动员的身体或衣服。
（6）球触及场地外其他物体或人。
（7）球被击时停滞在球拍上，紧接着被拖带抛出。
（8）球在一个回合中被同一方队员多次击中。
（9）运动员的球拍、身体或衣服，触及球网或球网的支撑物。
（10）过网击球（击球时，球拍与球的最初接触点在击球者网这一方，而后球拍随球过网的情况除外）。

27. 羽毛球发球区域在哪个位置？

单打发球有效区域为下图中的蓝色区域（上部阴影），双打发球有效区域为下图中的绿色区域（下部阴影）。

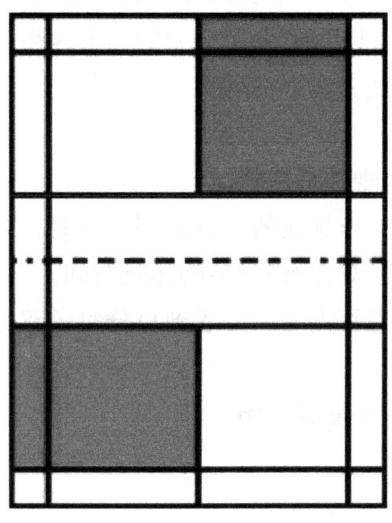

28. 什么是羽毛球半场边线？

单打时，半场边线有效范围是下图中的蓝色区域（上部阴影），双打时，半场边线有效范围是下图中的绿色区域（下部阴影）。

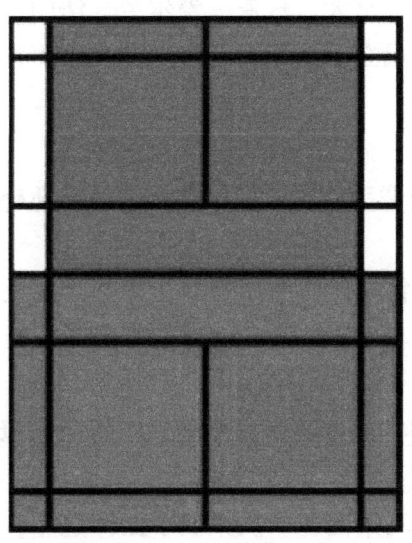

29. 羽毛球项目在哪一年成为奥运会的比赛项目？有哪几个比赛项目？

1992年成为奥运会的比赛项目，并设有男子、女子单打和男子、女子双打4个比赛项目。

30. 在哪一届奥运会羽毛球比赛中增设混合双打项目？

1996年亚特兰大第26届奥运会，羽毛球比赛增设混合双打项目，使其金牌总数达到5枚，成为奥运会隔网对抗项目中金牌数量最多的一个竞赛项目。

31. 我国第一次全国羽毛球比赛是在什么时间？地点在哪里？

1953年，在天津举办了第一次全国羽毛球比赛。

32. 中国羽毛球协会在哪一年成立？提出了什么口号？

1958年9月，中国羽毛球协会正式成立。在成立大会上，中国羽毛球协会根据世界羽毛球运动发展状况，确定了全国羽毛球竞技运动发展目标，提出了"十年之内打败世界冠军"的口号。

33. 国际羽联在哪一年成立？总部在哪个城市？

1934年，由英国、加拿大、丹麦、爱尔兰、法国、荷兰、新西兰、苏格兰和威尔士等国家发起并成立了国际羽毛球联合会（简称国际羽联），总部设在伦敦。

34. 首届世界男子羽毛球团体锦标赛——汤姆斯杯赛在哪个城市举办？主办方是谁？

国际羽联在英国普雷斯顿举办了首届世界男子羽毛球团体锦标赛——汤姆斯杯赛。

35. 在汤姆斯杯赛首届比赛中哪个国家获得团体冠军并开辟了亚洲人称雄国际羽坛的新时代？

马来亚（后改名为马来西亚）队荣获了团体冠军，开辟了亚洲人称雄国际羽坛的新时代。

36. 国际级运动健将如何评定？

凡符合下列成绩标准之一者，可以申请授予国际级运动健将称号。

第一，汤姆斯杯、尤伯杯、苏迪曼杯赛：

（1）获得团体冠军的运动员（个别成绩很差者除外）。

（2）获得团体第2、3名的运动员（上场率达到50%，取胜占上场次数的60%者）。

第二，在奥运会、世界锦标赛和世界杯赛中，获得单打、双打、混双前8名的运动员（包括并列第3名、第5名）。

37. 运动健将如何评定？

凡符合下列成绩标准之一者，可以申请授予运动健将称号。

（1）在汤姆斯杯、尤伯杯、苏迪曼杯赛中，获得团体前3名队中除授予国际级运动健将外的其他运动员和第4至第6名的主力队员（上场率达到50%，取胜占上场次数的60%者，以下同）。

（2）在奥运会、世界锦标赛和世界杯赛中，获得单打、双打、混双第9至第16名的运动员。

（3）在亚运会、亚洲锦标赛中获团体赛前3名的主力队员，获单打、双打、混双前6名的运动员。

（4）在国际羽联系列大奖赛中，获得单打、双打、混双前3名的运动员。

（5）在10个以上国家参加的国际锦标赛或国际邀请赛中，获得团体第2名的主力队员和单打、双打、混双前3名的运动员。

（6）在世界青年锦标赛中，获得单打、双打、混双前2名的运动员。

（7）在全国比赛中，获得团体甲级队前3名的主力队员和获得单打、双打、混双前6名的运动员。

（8）在全国青少年比赛中，获得甲组单打、双打和混双第1名的运动员。

（9）在一个年度的正式比赛中，战胜国际级或国家级运动健将中的3名选手的运动员。

38. 一级运动员如何评定？

凡符合下列成绩标准之一者，可以申请授予一级运动员称号。

（1）在10个以上国家参加的国际锦标赛或国际邀请赛和国际羽联系列大奖赛中，获得单打、双打、混双第4至第8名的运动员。

（2）凡全国甲级队前3名除授予运动健将外的其他运动员和第4至第8名的主力队员；在全国比赛中获得单打、双打、混双第6名至第16名的运动员。

（3）在世界青年锦标赛中，获得单打、双打、混双第3至第8名（并列第5名）的运动员。

（4）在省、自治区、直辖市或全国各系统比赛中，获得单打、双打、混双前6名、团体赛前2名的主力队员。

（5）在全国青少年比赛中，获得甲组单打、双打和混双第2至第4名，乙组各单项前2名的运动员。

（6）在全国业余体校比赛中，获得甲组各单项冠军的运动员。

39. 二级运动员如何评定？

凡符合下列成绩标准之一者，可以申请授予二级运动员称号。

（1）凡在全国青少年比赛中，获得甲组单打、双打和混双第5至第8名，乙组各单项第3至第6名的运动员。

（2）在全国业余体校比赛中，获得甲组各单项第2至第6名，乙组前2名的运动员。

（3）在省辖市（专区、直辖市的区）或相当于省辖市的比赛及各个自治区、直辖市系统举办的比赛中，获得单打、双打、混双前6名，团体赛前2名的主力队员。

（4）在省、自治区、直辖市举办的青少年比赛中，获得单打、双打、混双前3名，团体冠军的主力队员，少年比赛各单项冠军的运动员。

40. 三级运动员如何评定？

凡符合下列成绩标准之一者，可以申请授予三级运动员称号。

（1）在一般市辖区或地、县举行的正式比赛中，获得各单项前6名，团体前2名的主力队员。

（2）在省辖市（专区、直辖市的区）或相当于省辖市的少年比赛中获得各单项前8名，团体前3名的主力队员。

（3）在不少于16名运动员参加的正式比赛中，获得各单项前2名的运动员。

41. 少年级运动员如何评定？

凡符合下成绩标准之一者，可以申请授予少年级运动员称号。

（1）代表地、市（专区、直辖市的区）参加省、区、市以上举办的各种少年比赛的运动员。

（2）在县或相当于县的少年比赛中获得各单项前8名、团体前3名的主力队员。

（3）在不少于16名少年运动员参加的正式比赛中，获得各单项前3名的运动员。

42. 羽毛球运动的竞赛项目怎么划分？

羽毛球运动的竞赛项目可分为单项赛和团体赛两大类。在一次比赛中，还可以按年龄分项目组、以专业和业余分项目组竞赛。

43. 羽毛球运动的竞赛项目单项赛包括哪些项目？

男子单打、女子单打、男子双打、女子双打和混合双打5个项目。

44. 羽毛球运动的竞赛项目团体赛包括哪些项目？

团体赛有男子团体、女子团体和男女混合团体3个项目。

45. 团体赛项目常用的比赛赛制有几种？

①三场制。②五场制。③多场对抗赛。

46. 你了解团体赛运动员出场名单的确定方法吗？

每场团体赛由谁出场，由谁出场打哪一场，对手是谁，这些都会关系到比赛的胜负，所以在竞赛规程中一定要明确规定运动员的出场方法。一般来说有两种。

第一种方法是按技术水平顺序出场，即各队报名时，应将所有报名运动员按单打技术水平高低顺序填写，并根据规程要求按技术水平顺序填写一定数目的双打配对组合。在赛前交换出场名单时，只能按照报名后并为裁判长确认的技术水平顺序填写，不能颠倒。在国际比赛时按世界羽毛球技术水平排名顺序表确定，全国比赛时按我国羽毛球技术水平排名顺序表确定，其他比赛可以由竞赛组委会或裁判长参照以往的比赛成绩确认选手的技术水平顺序，在领队会上公布后执行。

第二种方法是不按技术水平顺序的随意排序，即在每场团体赛前交换出场名单时，各队可以不受技术水平顺序约束，随意填写出场运动员。

47. 你了解羽毛球比赛胜负的计算单位吗？

回合：从一次发球开始，经过双方来回击打到球成死球止，为一个回合。

得分：一个回合的胜方，得1分并继续发球。

局：女子单打、男子单打和所有双打项目都是以一方先得21分为胜一局。

场：所有项目都采用三局两胜制，即某方连胜两局，或双方各胜一局后，某方再胜了决胜局，称为胜一场，即获得双方比赛的最终胜利。

48. 羽毛球竞赛临场裁判人员由几个部分组成？

裁判长、临场裁判员和编排记录组三个部分组成。其中裁判长包括裁判长和副裁判长；临场裁判员包括主裁判、发球裁判、司线员和记分员；编排记录组包括编排记录组长和组员。

49. 羽毛球比赛过程中的间歇时间是多久？

当一局比赛领先方得11分时，双方运动员有不超过60秒的休息时间。该回合一结束，应立即宣报"换发球"和相应的得分及"间歇"，执行规则中有关"间歇"的规定，间歇时间从此时算起。在"间歇"期间，发球裁判要确保场地被擦干净。在一局比赛领先方得11分的间歇中，到40秒时，应重复宣报"X号场地20秒"。

一局比赛结束时双方运动员有不超过120秒的休息时间。在每局交换场区，以及第三局交换场区的间歇中，允许双方各有不超过两名教练进入场地指导。当主裁判宣报："X号场地20秒"时，这些人员应离开场地。

间歇后恢复比赛时宣报："继续比赛"，并再次报分。如果运动员不需要规则规定的间歇，可继续比赛。

50. 羽毛球比赛中交换场区应遵循怎样的原则？

第一局比赛结束时，双方预交换场区进行第二局的比赛；如果局数打成1：1时，在第三局开始前双方也应交换场区；在第三局比赛中，当领先方得到11分时双方应再次交换场区。主裁判宣报交换场区后，要提醒运动员带好各自的备用球拍和其他物品，并要注意运动员姓名牌和记分显示是否也作了相应的方向变动。如果主裁判和运动员都忘了在规定的时间交换场区，一经发现应立即交换，所得分数有效。

51. 对羽毛球场地四周墙壁的颜色有什么要求？

羽毛球比赛场地四周墙壁的颜色必须是深色的，特别是两端线外的背景（墙壁或广告）更不能是白色或浅色的。这是因为深色的背景能使运动员看清快速飞行的羽毛球，而白色和浅色的背景会使运动员难以看清快速飞行的球体。

52. 羽毛球球场内需要对风力进行控制吗？

羽毛球球体很轻，飞行时易受风的影响，风力稍大时就会影响运动员水平的正常发挥。因此在比赛时应关闭门窗，经常使用的出入口须设置门帘并挡住各风口。在比赛馆内气温很高必须开空调时，最好在赛前一小时开启，比赛开始前10分钟就应关闭空调或将空调开至最弱，尽量减小场内空气对流的影响。

53. 羽毛球比赛中死球分哪几种情况？

（1）球撞网并挂在网上，或停在网顶；
（2）球撞网或网柱后开始向击球者这一方下落；
（3）球触及地面；
（4）已宣报"违例"或"重发球"。

54. 跳绳对羽毛球运动有什么好处？

跳绳主要需要脚腕、小腿、手腕和前臂的力量，这些都是打羽毛球所需要的。在打羽毛球前，利用跳绳热身，可以使全身都活动起来。尤其是对手腕、脚踝、膝盖等关节部位的活动具有其他热身运动所不具备的效果，不仅可以增加肌肉的热度，降低肌肉的粘滞性，同时还能提高神经系统的兴奋性和心肺活动。跳绳可以说是专门针对羽毛球所需要的体质进行的训练。除了我们上面提到的各个关节部位的热身训练，长期的跳绳训练还能加强以下部位的力量：增强脚踝和腿部力量，让脚步更稳，运动员可以更好地找准重心，并且能预防扭伤。此外，跳绳可以增强手臂和手腕的灵活性，这对于羽毛球手腕训练也是极为重要的。比起其他运动，羽毛球运动需要的是爆发力，手脚的爆发力可使击球速度更快，而针对爆发力训练，跳绳的双摇就是一个非常适合的训练方法。

55. 羽毛球比赛中的红黄牌和黑牌是什么意思？

黄牌：裁判员在运动员屡次违犯行为规范时可以出示黄牌进行警告，同时要宣报"警告"。

红牌：对于已经警告过的球员，如果仍然违犯行为规范，裁判员可以出示红牌，判罚"违例"，并判罚被警告队员的对手得1分。

黑牌：如果运动员严重违犯或者屡次违犯行为规范，裁判员在判罚违例的同时可以向裁判长报告，裁判长视情节严重程度，有权取消该队员的比赛资格，操作方法是把黑牌交给裁判员，由裁判员出示黑牌并宣报取消该运动员比赛资格。

56. 羽毛球比赛中什么叫连击？

（1）一名运动员挥拍两次，并连续两次击中球。

（2）同方两名运动员连续各击中球一次。连击属于违例，对方选手得分。

57. 羽毛球比赛中什么叫拖带？

羽毛球拖带是指在击球过程中，球在球拍上稍有停滞，紧接着被拖带抛出的现象。类似于排球中的"吃球"。拖带是一种违例现象，要判对手得分。

58. 羽毛球比赛中的每球得分制是什么意思？

现在的重要羽毛球比赛基本都采用每球得分制。顾名思义，每球得分制就是指无论是发球方还是接发球方，赢得这个回合后，都可以得分。这项改革的目的是缩短羽毛球比赛的时间，增大羽毛球比赛的偶然性，使运动员一开始就必须集中精力投入比赛中。

第五篇

羽毛球运动损伤及康复问答

Q1. 羽毛球运动会发生哪些损伤？

羽毛球运动损伤从组织结构来看，主要有皮肤擦伤、肌肉、肌腱、关节、韧带和软骨损伤；从部位来看，主要有手腕、肩袖、膝关节、踝关节、肩关节、肘关节、腰部、腰肌、足跟痛、大腿肌肉群拉伤、膝关节韧带扭伤、网球肘、手指受伤、小腿骨肉群拉伤、骨折、跟腱断裂等。另外，值得注意的是，在进行羽毛球锻炼或比赛时，如果被球击中眼睛，会造成眼结膜充血、眼压过高，甚至可能会诱发青光眼。

Q2. 做关节操时会活动到哪些关节？

①脚踝关节与手腕关节。②膝关节。③髋关节。④腰部。⑤肩关节。⑥颈关节。

Q3. 肩部的损伤有哪些表现？

①肩痛。②痛弧。③压痛。④肌肉抗阻痛阳性。⑤肿胀。⑥肌肉和关节运动功能障碍。

Q4. 肩部损伤如何处理？

理疗、针灸、按摩、外敷伤膏药或局部药物封闭注射等，都可取得较好的效果。急性患者应将上臂在外展30°的位置下固定休息，久治无改进的顽固病例、肌腱有断裂者，则须进行手术治疗。

急性损伤的患者应适当休息，暂停肩部超范围的急剧转动活动或专项技术训练。急性期过去后，即应开始练习肩关节的绕环及旋转活动，但在开始练习时，应在上肢下垂放松位下练习，然后逐步增加肩的抬举角度，基本不痛后可进行负重练习和逐步过渡到专项训练。慢性病例可从事肩部的各项活动，但引起疼痛或使损伤加重的一些动作，可先降低强度和难度要求，或改变一些训练方法或技术动作的样式，控制专项训练中的局部负荷量。

Q5. 肩部伤后如何训练？

在伤后训练与康复中，要注意发展肩带小肌肉群的力量和柔韧训练，在加强肩袖肌群力量训练时，宜采取上肢外展80°~90°的屈肘静力负重练习，如能采用Cybex等动训练器练习，则效果更好。

在伤后训练与康复时，可进行训练前后痛点按摩，练习后适当做些理疗或热敷，休息时宜将肩关节置于适当的外展外旋位。

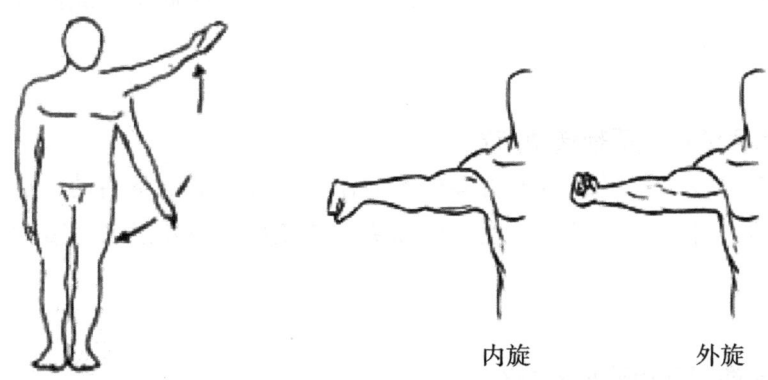

内旋　　　　外旋

Q6. 如何进行肩部损伤预防？

教练员要科学地安排训练计划，合理安排局部负荷量，运动前要充分做好准备活动，运动间隙和运动后要重视和加强恢复性措施；要及时纠正错误的技术动作，要注意并均衡地发展肩部肌肉力量和肩关节的柔韧性，特别要重视肩带小肌肉群的训练。

Q7. 如何进行肘部的损伤处理？

急性损伤期，患者应适当休息制动。损伤即刻与早期可局部冷敷、压迫包扎、外敷新伤药。24~28小时后可考虑进行理疗、按摩，并继续外敷中药。局部封闭注射肾上腺皮质激素类药物，往往能收到较好的疗效。对慢性病例，应以理疗、按摩、针灸治疗为主。对顽固不愈病例，非手术治疗长期无效者，可考虑手术治疗，对有肌肉韧带断裂或伴有撕脱骨折者，宜及时进行手术修补缝合术或竹片固定、切除术。术后须用石膏托固定三四周。

Q8. 如何进行肘部的伤后训练？

在安排伤后训练与康复时，急性期要停止进行易致再伤或加重损伤的一些活动，如正、反手的扣杀、抽球等，要待到损伤部位基本没有疼痛后才可开始这些动作的训练，一般需2～3周的时间。恢复正规训练时，运动量和负荷强度、练习动作剧烈程度等要逐渐增加。在伤后训练与康复训练时，应佩戴保护装置，如护肘或粘膏支持带；要加强前臂肌肉群的力量练习和伸展性练习。对肘内侧软组织损伤者，特别是肘关节有一定松弛者，力量训练的时间更应长一些，否则很容易造成再损伤和肘关节的进一步松弛，从而发展成慢性劳损，甚至发展为骨关节病。

9. 如何进行肘部损伤预防？

提高专项技术水平，纠正错误技术动作，充分做好准备活动，加强肘与前臂肌群力量和伸展性练习，合理安排训练、避免局部负荷过度，重视训练后的局部恢复。

10. 腕部的损伤如何处理？

要及时治疗新鲜的单纯性损伤，应暂停或控制腕部运动。局部外敷消肿止痛中药，或痛点和腕关节内注射肾上腺皮质激素类药物，同时予以适当固定，将前臂固定于中立位并限制腕与前臂的旋转活动，一般都能取得良好的治疗效果。如有尺骨小头向背侧隆起者，则须用压垫加压包扎固定。对慢性顽固不愈病例，特别是伴有关节脱位者，可考虑手术治疗。

11. 腕部损伤后如何训练？

在伤后和康复训练安排方面应注意的是急性患者应暂停腕部活动，特别是腕部旋转活动，要待损伤组织修复、愈合后才可进行腕部正常练习活动，一般来说，需3～4周时间。在腕关节屈伸和支撑动作无疼痛反应后，可逐渐加入腕与前臂的旋转动作练习，练习时必须佩戴保护支持带。慢性病例进行训练时，所佩戴的保护带应对腕关节背伸和旋转活动有较大的限制，如在伤部贴上胶布膏药后再戴上护腕，在护腕外再用绷带予以包扎，以防训练时再损伤。

12. 腕部的损伤如何预防？

合理安排腕部的局部负荷量，加强前臂与手腕的力量练习和柔韧性练习，佩戴护腕，做好准备活动，改进和提高握拍与击球技术等。

13. 腰部的损伤如何处理？

理疗、按摩针灸、拔罐、外敷伤膏药、内服跌打损伤药或痛点封闭等，都是经常选用的一些治疗方法。服用较大剂量的维生素E对减轻症状可能有一定的帮助。急性发作或症状明显者，宜睡硬板床或进行牵引治疗。顽固病例可考虑进行手术治疗。

14. 腰部损伤后如何训练？

在伤后康复和训练时，要用宽腰带保护，运动后腰痛无明显加重者，可按原计划进行训练；运动后疼痛加重者，但经一夜休息后疼痛虽未完全消失，可是也未见加重者，要减少运动量和腰部活动的强度，要练治结合，增加康复训练的内容；严重和急性发作病例，或不训练时也常见腰痛者，则应暂停专项训练，以休息、治疗和康复训练为主。康复训练，主要是加强躯干肌肉的力量和柔韧性，练习中不但要注意发展骶棘肌的功能，同时也要充分注意发展和提高腹肌的一些功能，此外也要重视两侧躯干肌的平衡发展。在训练前要充分做好准备活动，练习后应做好放松与恢复，如热敷、按摩、伸展性练习等。

15. 哪些原因易导致大腿肌肉损伤？

（1）准备活动存在一定问题。如未做准备活动，或准备活动不充分、太草率，以及准备活动距离正式运动或比赛时间过长，或准备活动的量过大、变化过于急剧等，以致肌肉的生理机能——神经肌肉的协调性、肌肉温度和其他物理性能、力量与伸展性等尚未达到适应活动所需的状态。

（2）身体训练水平不够或较差。如肌肉的弹性和伸展性、肌肉力量的水平较低。如果下肢肌群的肌力——单侧的露面抗肌群或两侧的同名肌群、面抗肌群不平衡，则更易发生拉伤。

（3）全身或局部疲劳或负荷过度，使大腿部肌肉的生理机能下降或微细损伤积累。

（4）步法或跳起技术有缺陷，动作不协调或过于突然、猛烈等。

（5）场地不良，如过硬、太滑。

（6）气象条件不佳，如气温过低、温度太高等。

16. 大腿肌肉损伤如何处理？

肌肉微细损伤或伴有少量肌纤维撕裂者，伤后应立即给予冷敷、局部加压包扎，休息时应抬高患肢，疼痛可服止痛药和中药或外敷中草药；24～48小时后可理疗和按摩。按摩时手法宜轻柔，伤部仅能做些轻推摩，伤部周围可做揉、捏、搓等，同时配合点压穴位（宜取受伤部位周围的穴位），也可局部注射肾上腺皮质激素类药物。如肌肉大部分或完全断裂者，在局部加压包扎并适当固定患肢后，应立即送往医院诊治，及时进行手术缝合。对末端病患者，主要可用重手法按摩（括、拨、顶压、提神等手法）、局部理疗（超短波或微波治疗）或局部注射肾上腺皮质激素类药物。

对轻型肌肉拉伤者，受伤肢体应停止训练2～3天，但不必完全禁止活动。要尽早开始康复性功能练习，如静力不负重的肌肉收缩——放松练习，练习时要避免疼痛的加重或再损伤；5~7天后可逐渐加入负重练习，并开始进行伸展性的牵拉练习，练习时应佩戴保护支持带（如护腿、弹力绷带等）。一般说来，约10天到两周后，或症状基本消退后可重新投入正规的专项训练。训练前必须做好准备活动，训练后要做好恢复工作。

肌肉有部分断裂者，则应立即停止训练并最好卧床休息2～3天，休息时宜使受伤肌肉处于相对松弛的状态，要积极地进行治疗，在第4天后，可在一定的制动情况下开始进行功能练习，大约4周后才可进入正规的专项训练。肌肉断裂进行手术缝合者，术后因肢体有较长时间的固定（肌腹缝合制动1～2周，肌腱缝合3～4周），应在固定状态下及早进行等长性收缩练习，固定解除后应积极从事增加关节活动度和缝合肌伸展性的牵伸练习，并逐渐开始对受损肢体肌肉的力量训练。一般需2～3个月以后才可投入正规的运动训练。

17. 大腿肌肉损伤后怎样训练？

在伤后进行肌肉力量训练时，开始时宜采用不负重训练，然后逐渐增加负重训练。训练时，不但要注意受伤肌肉的训练，也要注意其他肌肉力量的发展，要使各肌肉群得到均衡的发展。此外，还应注意两侧下肢和大腿肌肉群的同步发展。

而对患有坐骨结节末端病的运动员，在训练计划中要重视发展腘绳肌肌力和伸展性练习，注意提高关节的柔韧性，适当控制或减少专项训练中的局部负荷量和易致受伤的技术活动。

18. 大腿肌肉损伤如何预防？

运动前要充分做好准备活动，教练员和运动员在训练中要重视训练环境（温、湿度和场地）和密切关注肌肉反应。要合理安排运动负荷，避免全身或局部疲劳；提高身体素质水平和专项技术水平，注重下肢大腿肌群的均衡发展。肌肉损伤后再训练时，要戴保护装置，循序渐进，还要做好训练后的恢复工作。

19. 膝部损伤如何处理？

对急性损伤者，早期处理是局部冷敷、用厚棉花垫于膝部做加压包扎固定和抬高伤肢。24小时后，若出血停止则可进行热敷、理疗、按摩等，外敷消肿、镇痛、散瘀的中药可提早使用。如关节肿胀剧烈（尤其是关节积血），应及早去医院做关节穿刺，抽取掉积血和积液，并在关节腔内注射肾上腺皮质激素类消炎药物。如疑有韧带完全断裂，则应固定后去医院做进一步诊治。韧带完全断裂者，宜及早进行手术缝合，否则会影响其修复、愈合及关节的稳定性。如确认有半月板撕裂，一般来说，还是以手术切除为好，尤其是经常发生关节交锁现象的患者，更宜及早进行半月板切除术，术后进行康复体育训练，约3个月即可逐步恢复正常训练。

20. 膝部损伤如何预防？

提高运动员的专项技术和动作水平，纠正一些动作或技术的缺陷和错误；加强场地卫生监督工作；合理安排训练计划和运动量，避免训练过程中下肢负荷过度或疲劳；注意膝关节周围和两侧下肢肌肌力的提高和平衡发展，增强膝关节的稳定性；重视运动前的准备活动和选材工作。

21. 如何处理髌骨劳损？

对髌骨劳损，目前尚无特效疗法，一旦发现，应采取积极的练治结合康复措施。常用的治疗手段有理疗——蜡疗、红外线照射、超短波等，其中超短波的效果较好；针灸与按摩下肢和膝关节周围，针灸可在关节周围取穴，按摩则在对关节、肌肉做一般性按摩后（如推揉擦膝关节，揉捏股四头肌），可点压膝关节周围的一些穴位或进行髌骨按压法；痛点或关节腔内注射肾上腺皮质激素类药物，虽有一定的效果，但疗效不能持久，并不宜多次采用，特别是进行

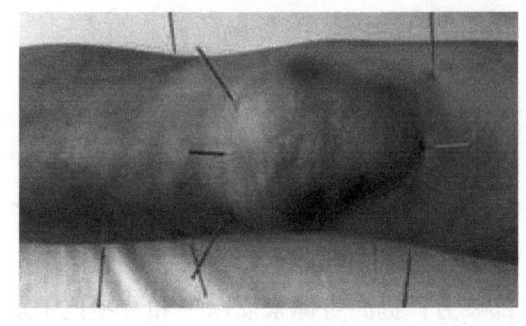

关节腔内注射，更应慎重，多次注射，反易促进或加重软骨的变性。严重的顽固病例，长期保守治疗无效而征象愈趋严重者，或有关节交锁及关节内游离体存在者，可考虑实施手术治疗。

22. 如何预防髌骨损伤？

合理、科学地安排训练计划，避免局部负荷过度，绝对禁止"单打一"的训练方法。注意全面身体素质训练和膝关节功能的发展，要重视下肢肌力和膝关节周围肌群的均衡、对称发展。对易伤项，应规定从事该专项训练的肌力标准。有人提出，如"站桩"已达20分钟以上、踝部负重30～40千克、30秒钟内能完成膝屈伸10次、两下肢的肌力差在10%以下、膝关节屈伸肌力比在60%左右等时，才允许从事专项练习。

加强教练员、运动员、运动医学医生的三结合训练制度，教练员在每次训练课后要运动员做单足半蹲试验，以便及早发现、及早防治。训练课后或训练中休息时，要及时拭去膝关节汗液，注意保暖，防止风寒湿侵袭；要注意局部疲劳的恢复，在运动员中开展自我或相互按摩。

23. 如何处理足跟部挫伤？

理疗、局部外敷化瘀活血中草药，或局部注射肾上腺皮质激素类药物会收到较好的疗效。对有纤维性变的脂肪垫损伤者，可用电针或针灸治疗。足跟部应垫上对损伤有缓解作用的厚海绵垫，其厚度以足跟着地不痛为准。

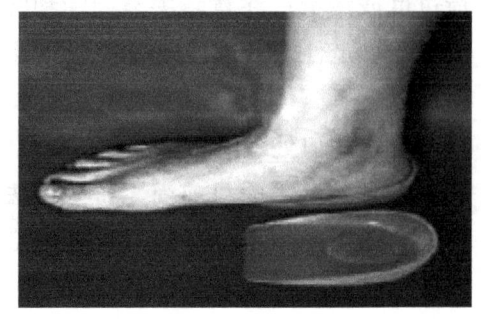

24. 足跟部挫伤后怎样训练？

急性损伤病例应暂停足跟落地训练10天左右，恢复训练时，应穿戴垫有厚海绵的鞋子，以减少局部刺激和再损伤的可能。训练后即刻可冷敷或用冰块按摩，以减少脂肪垫内出血的机会。

25. 怎样预防足跟部挫伤？

提高专项技术动作水平，合理安排运动训练，穿戴优质或有较厚实鞋垫的运动鞋，注意场地卫生，训练后即刻进行冷敷或冰块按摩等。

26. 跟腱与腱围炎损伤怎样处理？

局部理疗、热敷、按摩、外敷或擦抹活血、消肿、软结散坚的中药，或跟腱周围局部注射肾上腺皮质激素类药物，均有一定的效果。对慢性顽固病例，保守治疗无效者，可考虑手术治疗，对跟腱断裂者，宜及早施行手术修补缝合。在伤后训练和康复过程中，要严格控制前足支撑的起跳和跨跳动作。

27. 怎样进行跟腱与腱围炎伤后训练？

伤后一般需2周左右方可开始跑跳训练。开始练习时，宜采用全脚掌的着地蹬跳，并且要在粘膏支持带的保护下进行。在运动量与强度上要严格控制，在试探一定时间后（一般为5~7天）症状未见加重，则可逐渐增加运动量及跑速、蹬跨或跳跃次数。当训练后仍无异常反应后，则可开始逐步插入前足支撑的蹬跳动作（更要注意要有粘膏支持带保护），如此循序渐进，直到恢复正常训练。在训练计划中应安排小腿三头肌的伸展性练习和踝关节跖屈、背伸活动，以及胫骨前、后肌和腓骨肌的力量练习、提踵等静力性练习。在运动间隙应及时做些小腿三头肌和跟腱部的按摩，训练后也应做些按摩、热敷等恢复工作。因患有跟腱及腱围炎的患者极易诱发跟腱断裂，故在伤后训练中必须严格控制踝关节在背伸位做突然的或爆发式的发力动作。

28. 如何预防跟腱与腱围炎损伤？

要合理安排运动负荷，重视做好运动前的准备活动和运动中、运动后的恢复活动，应穿着质量好、合适的运动鞋袜。如感觉跟腱不适，移至疼痛，即应及早诊治，并应在粘膏支持带的保护下进行运动训练。提高小腿三头肌的伸展性能，加强胫骨前、后肌和腓骨肌的肌力及它们之间的肌力平衡，对预防本损伤有一定的意义。

29. 运动性贫血如何处理？

对患有贫血的运动员，不论是运动性贫血还是其他病理原因造成的贫血，都应首先减少运动量和训练强度，特别要注意控制耐力训练。

30. 如何预防运动性贫血？

（1）合理、科学地安排好运动量和训练强度。严格遵守科学训练原则，加强医务监督，防止过度训练的发生。

（2）要加强营养管理和监督。营养不但要丰富，而且要合理，食物加工和烹调要科学。注意蛋白质的供应量，每天每公斤体重至少要保证摄入2克以上，其中动物蛋白应占25%～30%。食物中要有丰富的铁剂和矿物质，应多吃新鲜蔬菜和水果以保证充足的维生素和无机盐的获得，有时还可额外地补充氨基酸和铁剂。

（3）克服不良习惯。要克服吃零食的不良习惯，合理安排好生活、训练和膳食。

（4）消除治疗导致贫血症的因素。积极消除和治疗一些能促使贫血症发生的疾病因素，如月经不调、牙龈出血、鼻衄、痔疮、寄生虫等。

31. 如何处理运动性血尿？

对患有运动后血尿者，运动员均应到医院请专科医生进行详细的检查并做出明确的诊断。对出现肉眼血尿的运动员，不管有无征象，均应暂时中止运动训练，进行详尽的检查和必要的治疗。对镜下血尿且无症状的运动员，则可边训练、边检查、边治疗，但运动量必须减少和严格控制，特别要控制运动强度和腰部的活动量，禁止剧烈的和大强度的训练和比赛。

运动性血尿的诊断成立后，运动员可以继续从事训练和比赛，但要安排好训练和运动量，加强医务监督和观察，做好康复和治疗工作。对于运动性血尿的治疗，一般可服用大剂量的维生素C、维生素K、适当的止血剂等；对伴有身体机能下降者，可适当补充三磷腺苷（ATP）、维生素B_{12}、蛋白质和铁剂等，也可以采用中草药治疗（如中药制剂牛西西或草药白茅根、小蓟、车前子、旱莲草等）。

32. 运动性血尿损伤后如何训练？

对肉眼所见运动性血尿的运动员，如出现次数多或持续时间长或反复发生，在运动量的安排上要控制得严一些，剧烈运动、大强度训练、腰部负荷或跃起扣杀动作要明显减少与严格控制；而对镜下所见运动性血尿的运动员，仅是偶发者，则在运动量控制上可相对松一些。一般来说，可照常参加训练和比赛，但是应加强医务监督，经常做尿液检查，在运动后的多次尿检中，如镜下红细胞在5个以下（以高倍镜下所见），则可继续训练和比赛，如红细胞数高于5个以上，则应调整运动量。

33. 如何预防运动性血尿？

对大多数发生运动性血尿的运动员来说，愈后是良好的。只有反复发作的肉眼血尿者，才会给其运动生涯带来较大的影响。科学的训练安排，提高运动员的全面身体素质和专项素质水平，提高运动员的身体机能水平，加强医务监督工作，防止过度训练等，是良好的预防措施。

34. 哪些原因会导致运动性疲劳？

（1）训练安排不当或不科学。这是发生过度训练综合征的最主要原因，它占整个发病原因的65%以上。其中的问题主要表现为训练安排中未遵守循序渐进和系统性的原则，缺乏明显的节奏，而过多地采用与身体训练水平不相适应的运动量和运动强度的训练；持续地进行大运动量训练，在训练不够系统的情况下就投入大强度、大运动量训练中，或身体情况和训练情绪良好时就猛练，身体情况不佳或情绪不良时就少练，甚至不练。训练工作中缺乏全面性，训练方法单一，不重视全面的身心训练，片面地追求提高专项成绩。训练计划和安排中未充分注意个别对待原则，没有按运动员的年龄、性别、运动水平、身体机能和健康状况等个人特点给予区别对待。此外，在执行和完成训练计划时比较呆板，未充分注意随着训练条件环境等因素的改变而及时调整训练计划、运动量和训练内容。如在冬训转春训时，南北或东西方转地训练时，没有考虑到季节、气候、环境等因素的变化，运动员开始出现某些不良现象或症状时，没有及时调整等。

（2）身体健康状况有问题。它约占整个发病原因的20%。如带病参加训练或比赛，在伤病后或手术后未完全康复的情况下即投入正规训练或比赛中。

（3）竞赛安排上的问题。它约占6%，如比赛过于频繁，一次大型比赛中参加过多项目的比赛，比赛之间缺乏足够的休息，赛后缺少良好的调整并投入大运动量训练中等。

（4）其他。如生活规律遭到破坏，较长时间休息或睡眠不足，旅途劳累未恢复，营养不良或有问题，以及不良的环境、心理因素的作用等。

35. 如何进行运动性疲劳后训练？

一旦发现有过度训练的征象，必须改变训练计划和训练内容，要积极地调整运动量的安排，严格控制运动训练的强度和时间，要减少速度及力量性练习的内容。对较严重病例，可暂时改变专项练习、训练地点，甚至离队训练和治疗，要停止参加比赛，辅以放松性练习。生活要有规律，要保证充足的睡眠和休息，增加积极性休息时间，多从事一些康复性、娱乐性的文体活动，如气功、太极拳、按摩、浴疗、文娱疗法等。要加强心理恢复和治疗。要保证充分、全面的营养素供给，应补充有充足的蛋白质和维生素，要多吃新鲜蔬菜和水果。应按病情适当地给予药物，如维生素B（每日60毫克）、维生素C（每日500~1000毫克），其他维生素如维生素B_6、维生素B、维生素E等或葡萄糖、三磷腺苷（ATP）也可酌情给予补充。睡眠不良者可给予镇静剂或安眠药。近年来，我国应用人参、蜂王浆、黄芪、刺五加、五味子、枸杞子、灵芝、鸡血藤等中药来滋养强壮、补气血，对消除疲劳和治疗本症也取得了一定的成效。

过度训练的愈后一般来说是良好的。轻者两三周即可痊愈，较重者需2~3个月，甚至半年；严重病例，器质性变化明显者，则愈后较差，恢复时间往往很长，至无法再进行运动训练。反复发作的病例，往往愈后不佳，因而病愈后恢复训练时要逐步增加运动量，以防再次发作。

36. 如何处理意识丧失？

令病人平卧、松解患者衣领和腰带，打开室内门窗，便于空气流通，另外,将头部稍放低,双足略抬高,保障脑部供血。如有心脏病史,且疑是心脏病变引起的晕厥时,应取半卧位,以利呼吸。可针刺或用手指掐病人的人中、内关、合谷等穴,促使其苏醒。注意对病人身体的保暖,随时观察病人呼吸、脉搏等情况。待病人清醒后,可给病人服用温糖水或热饮料。在晕厥时忌经口给予病人任何饮料及药物。经处理仍未清醒者,应及时进行急救或妥善送往附近医院。现场急救时,应速将患者平卧,安静休息。松解衣领和裤带,保暖但不能过热。保持呼吸道通畅,给予心理安慰与鼓励。昏迷不醒者,可用重手法点按人中、合谷、内关等穴位或给其闻嗅氨水。如神志清醒又无消化道损害者,可酌情让其饮用适量热茶或热咖啡,或饮用适量葡萄糖盐水、少量酒类。对重力性休克患者可采取头稍低位,自小腿向大腿方向做重推摩和揉捏。总之,应根据条件针对病因,给予适当的、必要的急救和初步处理,同时应速请医生或转医院进一步治疗。

37. 怎样预防运动性疲劳？

运动员一旦发生过度训练,轻者会影响其正常训练和运动成绩的提高,重者则会影响其健康,甚至不能继续从事运动训练,过早地结束运动生涯。预防的要点如下。

(1) 加强医务监督工作。要定期进行体格检查和身体机能检查。在参加国内外重大比赛之前,以及在伤病后或因某些原因有较长时间中断训练后,再恢复训练前都应进行体格检查或某些补充检查。患病期间不要参加训练或比赛,应积极治疗。病后或术后恢复训练时,要在严密的监督下进行训练,运动量要逐渐增加。在运动员中要开展自我监督工作,有条件时,应在专业运动队中配置运动医学或医务监督医师,以便在日常训练中开展经常性的医务监督工作,及早发现患及本病的迹象和早期病例。

(2) 运动训练计划要科学、合理。在制订训练计划时,要考虑机体的可接受性和个人特点,要遵循科学的训练原则,训练安排要注意节奏性,大中小运动量安排要有机地配合,防止训练的单一化及片面地追求提高成绩或快速出成绩。安排运动员参加比赛也要合理,不要过于频繁,两次比赛的时间间隔,应以疲劳或机体反应基本消除或恢复正常为好。要尽量避免在一次大型竞赛中运动员参加过多项目或力所不能及的多项比赛,赛后要有足够的休息与调整,不宜过早投入大运动量训练中。训练和比赛期间要注意环境、气候、季节变化的因素影响。

（3）要重视训练或比赛后的恢复措施。要严格执行生活作息制度，要有充足的睡眠；休息期间要防止精神过度紧张，多开展积极性休息，要重视心理恢复，营养要充足、全面、合理，食物应富有维生素、矿物质和蛋白质，训练或比赛后应做放松性体操、全身或局部按摩、水浴或蒸汽浴等，以加速全身或局部疲劳的消除。

38. 怎样预防骨折？

（1）练功强身。应积极长期地坚持锻炼，增加户外活动时间，多呼吸新鲜空气，促进全身血液循环和新陈代谢。可选择散步、慢跑、太极拳、保健操等项目。多活动能使血液中的钙质更多地在骨骼内存储，因而可提高骨骼硬度，能有效地减少骨折的发生。

（2）多晒太阳。阳光可以促进维生素D的合成，而钙的代谢依赖维生素D；阳光中的紫外线能促进体内钙的形成和吸收，维持正常的钙磷代谢，使骨骼中钙质增加而提高骨的硬度。

39. 怎样预防踝关节扭伤？

为了防止踝关节扭伤，我们需要加强踝关节周围的肌肉力量，并且提高踝关节本体感觉对相关肌肉的控制能力。

也就是说，我们需要两方面的练习内容：肌肉力量（muscle strength）和本体感觉（proprioception）（主要是平衡能力）的训练。加强肌肉力量可以提高关节稳定性，并且在韧带受到过分牵拉力时保护韧带。肌肉力量训练方面，我们可以采用橡皮带抗阻练习或反复提足跟这两种简便而且常用的方法，从四个不同方向（上、下、左、右，医学上分别称为背屈、跖屈、内旋内收和外旋外展）来训练踝关节周围的肌肉力量。

本体感觉是身体在无意识情况下对关节活动产生的不自觉反应。这就是为什么一名跑步者可以通过转换身体重量及姿势来保持平衡，从而保证能够安全地在崎岖的路面上跑步。本体感受信息包括探测运动中关节的位置、活动度、方向及速度的能力。另外，关节拥有高灵敏度的本体感受性反馈系统，它可以在运动中正确地对作用于该关节的各种压力作出反应，从而降低受伤的危险。

所以，平衡训练的目的在于训练本体感受器，使它们能够快速、准确地在接收有害动作之中或者之前关节所产生的刺激信号。本体感觉主要通过平衡木、平衡板、充气软垫等器械来训练。当然，原地提足跟也是一种简便的平衡训练方式。

Q40. 急性踝关节扭伤时怎样简单地自我处理？

（1）原地休息及适当制动：当踝关节发生急性扭伤后，应当马上休息，减少踩地和行走，以减少对损伤部位的进一步损伤。

（2）疼痛、肿胀部位的压迫：踝关节急性扭伤后的数分钟或数小时内，损伤部位周围通常会发生肿胀。用手或者绷带适当压迫刚刚开始肿胀的部位或疼痛的部位，可以减少继续出血或继发性组织水肿的发生。

（3）冷敷或冰敷：可以采用冷水（如自来水）或冰棒等温度较低的东西进行局部冷敷。当然最好的是找一些冰块，加入适量的水，用双层塑料袋包好后做成自制冰袋。

当然，自己进行简单处理后，就应该尽快到专业医生那里就诊，以确定损伤的具体情况，接受进一步的医疗处理（如拍片子、打石膏等）。

Q41. 如何预防打球时崴脚？

对于习惯性崴脚的预防，每次上场前要打好踝关节固定。在踝关节处缠贴固定胶布，可以限制踝关节的活动范围，起到预防踝关节扭伤的作用。在固定胶布缠贴前，可以按照以下步骤进行操作。

（1）固定覆盖物。胶布1位于腓肠肌下方2~4厘米处，一半贴住皮肤，一半贴住覆盖物，胶布2位于胶布1之上，胶布3位于胶布2之上，并按胶布1/3 ~1/2的宽度重叠缠贴。

（2）在侧面缠贴U型胶布。胶布4自胶布1内侧部上缘起，沿着跟腱经足部，直至缠贴到胶布1的外侧部上缘。胶布5位于胶布4之上，按其1/3 ~ 1/2的宽度重叠缠贴。胶布6位于胶布5之上，按其1/3 ~ 1/2的宽度重叠缠贴。注意这3条胶布粘贴时在小腿上部要宽一些，足底部要窄一些，使之成为张开的"扇状"。

（3）缠卷固定胶布。胶布A起自小腿内侧，一直缠贴到小腿部外侧，随后继续向小腿内侧—小腿前部—外踝部缠贴，再绕过足跟部内侧后，向足底缠贴，接着向足背部缠贴，通过小腿部内侧，经跟腱部向足跟部外侧缠贴，绕于足跟部外侧后，经足底向足部内侧缠贴，接着向足背部缠贴，在小腿缠两圈，最后贴在U型胶布上端。

（4）固定远端覆盖物。胶布B缠贴在跖骨周围，以固定远端的覆盖物。以上完成了全固定的胶布固定（此为使用粘着弹性胶布的情况）。崴脚后，在疼痛肿胀控制好的情况下，要加强踝关节周围力量的练习，以防止再次发生踝关节扭伤。崴脚后，踝关节周围的韧带损伤，韧带松弛，"咔咔"响主要是踝关节韧带松弛后，跟距关节、跟腓关节等足部各个关节产生的弹响声。需要注意加强力量练习，以增强踝关节的稳定性。如果出现疼痛、关节活动受限的状况，需拍摄X光片。

42. 如何进行脚踝损伤康复？

如果在踝关节受伤后只是进行简单的治疗而忽略康复训练的话，很容易再次扭伤，这时，韧带会变得越来越松，失去原来的弹性，从而使脚踝出现习惯性扭伤的状况，所以治疗之后的康复训练也是重中之重。

（1）关节活动范围训练：在热敷时期便可以进行，20次一组，一天3~5组。膝盖摇摆练习：坐在椅子上，双膝并拢，双脚放于地面，膝盖左右缓缓摇摆；写字母练习：坐在椅子上，用伤脚在地面上画字母。

（2）拉伸训练：进行上述动作踝关节不感到疼痛时方可继续。小腿拉伸练习：面对墙壁，双手扶住墙壁，与肩同高，伤脚在后，脚尖向前，脚后跟发力，慢慢弯曲前腿膝盖，当感觉小腿有牵拉感觉时，停20秒，每天3~5次。

（3）肌肉力量训练：当伤脚感觉不到疼痛或不再肿胀时，可以适度开始力量训练。双脚对抗练习：坐在椅子上，双脚平放地面，健康脚踩在伤脚上，并且向下压，此时，伤脚应该努力向上克服健康脚带来的力量。

（4）平衡能力训练：当站立时伤脚也感觉不到疼痛了，就可以开始平衡力的训练，具体的方法为单脚站立，以伤脚为支撑脚，双臂向两侧张开，站立60秒，休息1分钟后，再做下一组，一天做3~5组。

43. 哪些方法有助于小腿肌肉的伸展训练？

（1）腓肠肌上端的伸展训练。早期直腿端坐，对折毛巾套在脚掌拇趾根部。缓慢拉毛巾背曲踝关节，直至腓肠肌上半部分伸展（绷紧）。一旦能站立，可双手扶墙。双足前后位站立，将伤足放在正常足后方，足趾均朝向前。保持足跟不离地，受伤腿始终伸直，缓慢屈曲正常腿的膝关节，直至受伤腿的腓肠肌伸展（绷紧）。

（2）力量训练。强壮的腿部肌肉可协助韧带共同保持踝关节的稳定性，每天训练1~2次，每项练习重复20遍。

（3）胫外侧肌肌力训练。早期足平放于地板，外侧倚住墙或书柜，足用力向外侧推。每次坚持3秒，每组10次。能站立后可使用阻力带训练，阻力带一端系于书桌架下端，一端套在伤足上，端坐位，受伤足用力向外侧拉紧阻力带。

（4）胫内侧肌肌力训练。早期双足平放于地板，两足相互倚住，用力向内侧推，坚持3秒，每组10次。能站立后可使用阻力带训练，阻力带一端系于书桌架下端，一端套在伤足上，端坐位，受伤足用力向内侧拉紧阻力带。

（5）胫前肌肌力训练。将正常足的足跟置于受伤足的足背上，正常足向下压的同时，受伤足尖向上翘起（足跟不能离地），对抗3秒，每组10次。能站立后可使用阻力带训练，阻力带一端系于书桌架下端，一端套在伤足背上，直腿端坐，足尖缓慢向躯干方向用力。

（6）平衡训练。踝关节扭伤后，伤足的平衡能力下降，很容易造成再次扭伤。因此一旦能站立，就可尝试进行平衡训练。用受伤足保持平衡30秒至1分钟，每次2~3组，每天练习1~2次。

每个动作能坚持60秒后，就可练习以下动作。

动作1：双臂向体侧平举，双眼睁开；

动作2：双臂交叉于胸前，双眼睁开；

动作3：双臂向体侧平举，双眼闭上；

动作4：双臂交叉于胸前，双眼闭上。

44. 如何处理习惯性脱臼？

冰敷控制出血，固定视同骨折处理法；在后期肩膀稳定后，要做肩的等长伸展，在疼痛可忍受的程度下做肌力复健；运动前做预防性贴扎。

45. 打球前怎样做肩部准备活动?

（1）旋转运动练习。双臂360°旋转，顺时针一圈，然后逆时针一圈，一共做四个八拍。

（2）压肩练习。双手撑墙，上身尽量保持与地面平行，慢慢向下压，一共做四个八拍。

（3）拉伸练习。左臂向右伸直，右臂向上，慢慢向身体内侧压左臂，一个八拍之后换成左臂压右臂，方法相同，一共做四个八拍。

（4）牵拉练习。左臂绕过脑后，右手向右牵拉左臂，做一个八拍，之后换成右臂牵拉，方法相同，一共做四个八拍。

46. 打球比较费膝盖，如何保护膝盖？

半月板是膝关节内股骨髁与胫骨平台之间内、外侧两个半月形纤维软骨组织，边缘厚，附着内外关节囊，中央游离缘薄。伸屈扭转动作易损伤撕裂膝关节，这也是体育运动中多发损伤之一。日常注意加强下肢力量，增强膝关节稳定性。保守治疗有冰敷、敷药、针灸、口服药物以缓解疼痛。保守治疗无效者，可做膝关节关节镜检查。以下6组简单的动作可以帮助消除膝盖疼痛。

（1）靠墙小腿拉伸。找一堵可以靠在上面的墙，面对墙壁，右腿弯曲，脚跟置于与墙壁垂直的地板上。脚趾抬起，脚跟仍然留在地面上，腿绷得不能再直，身体往前腿方向倾，尽最大可能、最大角度保持这个姿势，保持5秒，然后放松，再加深这个拉伸。左腿重复相同的拉伸5次。目标是每条腿拉伸10～15次，或者更多。

（2）网球小腿滚压。这个动作可以缓解小腿和股后肌群的紧绷感。坐在地板上，右腿蜷至臀部，膝盖绷直。把网球（或瑜伽球/按摩球）放在右膝盖下，像夹三明治一样，夹在小腿和股后肌群中间。把胫骨拉向自己，制造"压力"，然后旋转脚做两个方向的圆周运动，这样可以在膝关节处形成空间。继续坚持，直到你感觉这些部位的紧绷感缓解，然后换腿。

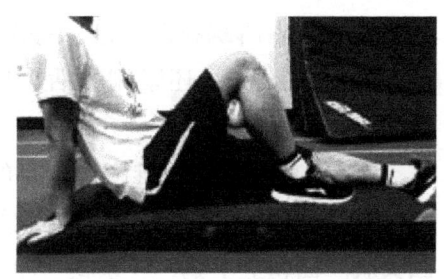

（3）半屈膝蹲坐及股四头肌拉伸。这种拉伸不仅会让你感觉神奇，而且作用是双重的——锻炼臀部和股四头肌。

一条腿跪下（底下垫一条毛巾或垫子），另一条腿平放在身前，保持90°。身体往前腿倾，拉伸前臀。然后握住前腿脚踝，使劲往臀部拉，用以拉伸前腿的股四头肌和臀部。前后拉伸10～15次或者更多，数量取决于你的紧绷程度。

（4）泡沫轴股四头肌拉伸。股四头肌的拉伸非常重要，因为这种拉伸时间短，久坐的人股四头肌常常是紧绷的。为了让这一大组肌肉群恢复最初的功能，我们建议用泡沫轴。面朝下躺着，泡沫轴置于左腿股四头肌下。把身体大部分的重量放在腿上，慢慢滚动泡沫轴。不要只是简单地滚上滚下，也要从腿的一侧滚至另一侧，尤其是那些紧绷的肌肉。

换腿，继续滚动泡沫轴，直至不再感觉到疼痛。如果还感觉疼（因为有些跑步者确实如此），那就继续做至少5分钟。

（5）靠墙腿后腱拉伸。面朝上平躺，左腿平放在地板上，脚弯曲。右腿靠墙或桌子支撑起来，或者用一条阻力带。这种拉伸自膝盖处，辐射至腿的后部。一旦找到拉伸的极点，5秒后换腿，同时收缩和放松右脚踝。如果你灵活性好，使劲把右脚踝拉向自己。每次5秒，做10~15次。如果还紧绷的话，那就继续。左腿重复此拉伸。

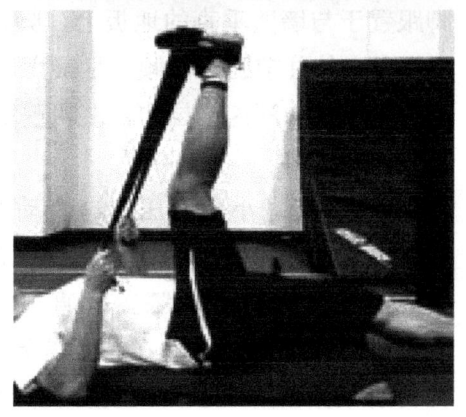

（6）直腿抬高是难度比较小的拉伸练习，对膝盖压力较小，但能刺激并拉伸四头肌。面朝上平躺，一条腿弯曲，另一条腿放在身前。直腿抬高一尺左右，向外旋转脚（整条腿旋转，所以脚趾指向天花板的对角线，而不是正对着）。10~15次/组，做3组，换腿。随着你变得越来越强壮，可在脚踝处负重（4.5公斤）。

47. 跨步时如何节约使用膝盖？

跨步是羽毛球的一个基础和特色的动作，一场比赛下来会被大量使用。很多跨步都已经达到人体所能承受的极限了。在这么频繁的跨步中，怎样才能保证动作的正确，尽量减少对膝盖的损伤呢？一句要诀就是，膝盖不要超过脚尖。

以下是跨步的动作要领，请自检一下，尤其是第（3）条和第（5）条。

（1）跨步要蹬，起动步发力。

（2）降重心，勿翘臀。

（3）脚跟先着地，脚尖要外展。

（4）后腿要跟进，后脚内侧要拖地。

（5）前小腿与大腿角度不能小于90°。

脚跟先着地

脚尖要外展

李雪芮跨步反手网前

48. 如何预防前交叉韧带损伤？

前十字韧带，又称前交叉韧带，位于膝关节内，连接股骨与胫骨，主要作用是限制胫骨向前过度移位，它与膝关节内其他结构共同作用，从而来维持膝关节的稳定性，使人体能完成各种复杂和高难度的下肢动作。

（1）落地时膝关节必须要稳，不能晃动。要有足够的前足支撑时间，这样胫骨会在"可能致伤时间内"随股骨移动，避免过度旋转和过度前移引起损伤。

（2）跳起落地时，屈膝角度要稍大些。此时，臀肌、大腿后群肌会发挥更大的作用，使膝关节的稳定性加强，并可有效地控制膝关节晃动和外翻。

（3）加强大腿后侧的腘绳肌（主要是腘绳肌三束肌肉中的股二头肌）、臀肌、小腿后侧的腓肠肌的肌肉力量训练，使之与大腿前方的股四头肌产生有效的对抗，使膝关节稳定性加强。

（4）加强专项步法，特别是被动状态下的步法训练，使运动员在被动状态下步法调整得更合理、更有效。

（5）加强灵敏性训练，使场上的移动反应速度更快，主动性更强，稳定性更好。

（6）加强核心稳定性训练，使运动员整体稳定性加强。

（7）注意训练后的恢复，避免运动员过度疲劳。

（8）训练、比赛时，注意力一定要集中，减少损伤的概率。

49. 怎么预防髌腱痛？

（1）避免过度训练。

（2）青少年应避免大量的肌力训练或太多的练习。

（3）运动前应进行充分的热身，尤其是股四头肌的伸展。

（4）培养足够的肌力，尤其是股四头肌的离心收缩训练。

50. 如何增加膝关节力量？

（1）半蹲。背部靠墙，双脚位于身前45～60厘米处，慢慢地弯曲膝盖至小于90°角，保持膝盖不超过你的脚尖。保持一段时间后伸直膝盖，为了锻炼大腿内侧，可以在膝盖之间夹一个球。

（2）单腿下蹲练习一。把伤腿放在台阶上，慢慢弯曲膝盖下蹲，至另外一条腿碰到地面，然后慢慢伸直膝盖。

（3）侧卧膝外展。双脚并拢，膝盖弯曲90°，侧卧将上面一条腿的膝盖缓慢向上举起，直到膝盖分离一掌宽，保持一段时间，缓慢放下。注意脚和臀部不能动。

（4）单腿下蹲练习二。靠墙单腿站立，收臀提臀，保持臀部收缩到极限，慢慢弯曲膝盖至45°，保持一段时间慢慢伸直膝盖，左右腿交替进行。

（5）蹬腿。调整踏板，让你的膝盖呈直角，把脚放在踏板上，然后让膝盖伸直，缓慢做屈伸动作。注意，伸直时膝关节不要完全伸直，可以双腿做，也可以单腿做。

预防膝关节的损伤，除了加强力量，训练后的拉伸练习也是非常重要的。紧张的大腿、臀部和小腿肌肉都有可能是膝关节劳损的原因，要注意下面几个问题。

①拉伸的方法：训练后应该采用静态拉伸，每种拉伸方法要保持20～30秒。

②拉伸的频率：每个动作做2～3组，每次训练后均要做。

51. 拉伸过程中发现什么情况应该尽快停止并请医生检查？

（1）自我治疗2周后膝盖继续疼痛。

（2）休息（坐卧）时膝关节仍感到疼痛。

（3）步履蹒跚。

（4）可以看到或感觉到变形。

（5）感到膝盖、小腿下部或脚有不同寻常的麻木或串麻感。

（6）小腿下部、脚或脚踝发紫发冷。

（7）小腿下部、脚或脚踝有红肿和疼痛感。

52. 怎样预防拉伸损伤？

（1）科学合理地安排运动量。

（2）要充分认可加强臀肌及腿部肌肉力量和柔韧性的训练，这对预防膝关节损伤是非常重要的。

（3）要循序渐进地增加运动量和强度。

（4）穿一双合适的鞋，一定对足弓和脚侧面有牢固的支撑作用。如果底部有明显磨损，就应该换一双新鞋。

（5）做好热身运动。先进行5～10分钟的慢跑，使血液流到肌肉中，这样可以提高肌肉的弹性。然后做静力拉伸，再过渡到动力拉伸，然后再做一些和专项有关的动作（比如羽毛球的专项步法、扣杀动作等）。

（6）训练后慢跑或步行3～5分钟后，立刻做牵拉伸展放松，最好趁体温较高时做，效果更好。

（7）训练中戴护膝。

53. 运动员在训练中如何避免腰部损伤？

（1）使用腰带协助训练：腰部损伤后，恢复训练初期要使用腰带或肌肉贴布以协助稳定腰部。接杀球时尽量避免腰部过度前屈，杀球时要侧身，不能过度后仰，要保持身体重心的稳定。

（2）避免累积性损伤：腰部肌肉、韧带在训练中经常受到牵拉，受力过大、频繁牵拉后，会出现小的肌纤维断裂、出血和渗出。断裂的组织修复和吸收后，可遗留瘢痕和组织粘连。这些组织的弹性比正常的肌肉差，运动中易牵拉、压迫神经产生腰痛。这种腰痛的特点是休息后减轻，运动后加重，甚至不能较长时间坚持某种姿势。

（3）积极治疗腰部损伤：急性腰伤在急性期治疗不彻底，会使腰部功能降低。伤者常感觉腰部无力，腰部酸痛的症状长时间不愈，腰肌会经常出现僵硬。

54. 如何防范腰椎间盘突出？

打球时防止腰部损伤要注意：①身前击球，宁屈膝莫弯腰。很多腰椎间盘突出都发生在大弯腰动作的瞬间。所以向前击球的动作，应尽量保持上身竖直，步子跨大一点（需要好的下肢柔韧性和力量），跨步脚着地时大小腿夹角不可小于90°。这么做，除了避免腰椎间盘承受过大压力外，也符合击球技术上的需要（上身摇摆的幅度越小，重心越好控制，变速、变向越容易，视野也越清晰）。②移动中，屈膝、提踵是关键。腰椎间盘突出的原因之一是慢性颠簸和震荡。很多羽毛球初学者或步法不好的人在移动中脚步声都特别重，因为他们经常全脚掌着地，这种颠簸和震荡对腰椎间盘的冲击也是很大的。多进行踝关节、膝关节的力量和柔韧性练习，可以减少对腰椎间盘的压力。

55. 怎样避免网球肘？

（1）纠正直臂击球的动作，让上臂和前臂无论在后摆还是前挥的时候都保持一个固定且具弹性的角度。

（2）用支撑力较强的护腕和护肘把腕、肘部保护起来。限制腕、肘部的翻转和伸直。

（3）打球时于前臂肌腹处缠绕弹性绷带，可以减少疼痛发生，但松紧需适中。

（4）一旦被确诊为网球肘，则最好能够中止练习，待完全康复并对错误动作进行纠正之后再继续进行练习。

（5）早期症状轻微时，按摩、理疗效果良好；疼痛加重后可采用中药、针灸疗法，个别病例用保守疗法无效后可考虑手术。

（6）穿弦时减小磅数并选择细一些的弦，松软一些的拍面可以帮助击球者吸收一些因拍球对抗所产生的振动之力，也可以帮助球员更省力地击出落点较深的球。另外，调整拍柄大小至合适，选择重一些的球拍练球都对缓解病痛有很大的好处。

56. 羽毛球运动中手腕关节损伤怎样康复？

负重练习：用小哑铃或瓶子里装沙，做腕部练习。

灵活练习：加重球拍，绕"8"字练习，增强手腕肌肉的灵活性。

运动时带上护腕或用弹力绷带加固。练习量视个人情况自行掌握。手腕损伤的贴扎示范如下。

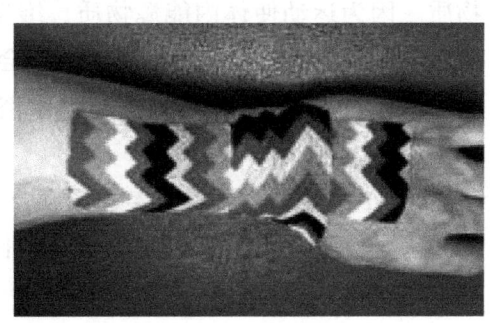

57. 打羽毛球前主要针对哪些方面进行热身？

（1）首先是腕关节，这里包括手腕关节和脚腕关节。针对手腕，可以空手甩动手腕，也可以握拍做挑球运动。脚腕的活动很简单，抬起脚跟，脚尖着地作为圆心，脚后跟画圆。

（2）针对肩关节的活动就是一些简单的伸展，肩关节不活动好，很容易在打球的过程中引起肩部伤痛。想要活动好肩关节，击球手背到背后，尽量伸展，接触到背部，手肘向上，侧身靠在墙壁上，适当用力压靠墙壁，这样就可以很好地活动开肩部关节。

（3）腰部疼痛是羽毛球运动员常见的伤病，因此平时打球时一定要注意对腰部的保护。简单的方法为腰部扭动，幅度不要太大，动作要轻柔。还有一种方法是双脚叉开稍比肩宽，双手反托在腰后，反复做前俯动作和后仰动作及腰部回环动作。

（4）对于腿部肌肉的活动，一定要注意大腿部位。热身时一定要把大腿肌肉活动开，否则在打球时很容易拉伤。因此，在热身时可以做一些步法动作来活动双腿，或者是跑步、蛙跳等。

（5）髋部在热身时也要尽量打开，可以利用压腿或侧压腿等方法，最简单的则是上网步法。

58. 运动后如何消除疲劳？

（1）补充营养：有研究发现，当人体感到疲劳或大运动量训练后，给予100～150克葡萄糖，以补充运动中热能的消耗，可促使肝糖元的储存、预防脂肪肝，并且有恢复血糖水平、加速消除血乳酸的作用。另外，在膳食中要注意补充蛋白质、维生素B_1、维生素B_2（B族维生素）、维生素C、尼克酸及水和矿物质。因为运动使体内能源物质、维生素和矿物质大量消耗，不尽快使这些物质水平恢复正常，机体的运动能力就会受到影响。

（2）温水浴：锻炼后进行温水浴，可以改善血液循环，加速代谢废物的排出。

（3）按摩：对用力最多、最疲劳部分的肌肉进行放松按摩，是一种很有效的方法。主要采用力量较轻、时间较长的揉和揉捏手法，结合运拉、叩打等，都可以获得满意的效果。

（4）充足的睡眠：睡眠是消除疲劳最根本和最有效的方法之一。没有良好的睡眠作保证，人体的疲劳就无法消除。因此，经常参加锻炼的人，要保证充足的睡眠时间和良好的睡眠环境。一般每天至少要保证8小时的睡眠时间。

59. 常见运动损伤的应急处理方法有哪些？

（1）擦伤，即皮肤的表皮擦伤。如擦伤部位较浅，只需涂红药水即可；如擦伤创面较脏或有渗血时，应用生理盐水清创后再涂上红药水或紫药水。

（2）肌肉拉伤，指肌纤维撕裂而致的损伤。主要由运动过度或热身不足造

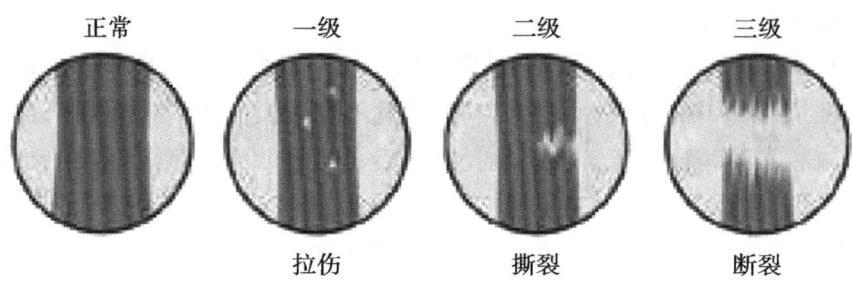

成，可根据疼痛程度知道受伤的轻重，一旦出现痛感应立即停止运动，并在痛点敷上冰块或冷毛巾，保持15分钟，然后休息10分钟后再冰敷15分钟，以使血管收缩，减少局部充血、肿胀。切忌搓揉及热敷。

（3）挫伤，即由于身体局部受到钝器打击而引起的组织损伤。轻度损伤不需特殊处理，冷敷处理24小时后适当使用药物，如贴上止痛膏，在伤后第一天冷敷，第二天热敷。约一周后可吸收消失。较重的挫伤请至医院接受治疗。

（4）扭伤，由于关节部位突然过猛扭转，拧扭了附在关节外面的韧带及肌腱所致。多发生在踝关节、膝关节、腕关节及腰部，不同部位的扭伤，其治疗方法也不同。

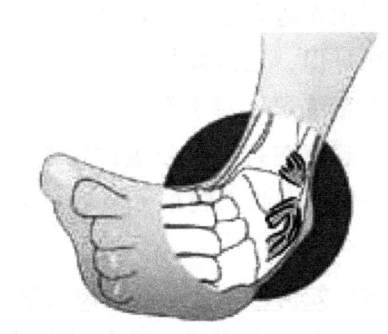

①急性腰扭伤：可让患者仰卧在垫得较厚的木床上，腰下垫一个枕头，先冷敷，后热敷。

②关节扭伤：踝关节、膝关节、腕关节扭伤时，将扭伤部位垫高，先冷敷2~3天后再热敷。适当地使用外敷药物。

（5）脱臼，即关节脱位。一旦发生脱臼，应嘱咐患者保持安静、不要活动，更不可揉搓脱臼部位。如脱臼部位在肩部，可把患者肘部弯成直角，再用三角巾把前臂和肘部托起，挂在颈上，再用一条宽带缠过胸部，在对侧胸作结。如脱臼部位在髋部，则应立即让患者躺在软卧上并送往医院。

（6）骨折，常见的骨折分为两种，一种是皮肤不破，没有伤口，断骨不与外界相通，称为闭合性骨折；另一种是骨头的尖端穿过皮肤，有伤口，断骨与外界相通，称为开放性骨折。

对于开放性骨折，不可用手回纳，以免引起骨髓炎，应用消毒纱布对伤口做初步包扎、止血，再用平木板固定送医院处理。骨折后肢体不稳定，容易移动，会加重损伤和剧烈疼痛，可找木板、塑料板等将肢体骨折部位的上下两个关节固定起来。如一时找不到外固定的材料，骨折在上肢者，可屈曲肘关节固定于躯干上；骨折在下肢者，可伸直腿足，固定于对侧的肢体上。脊柱有骨折者，需早卧在门板或担架上，躯干四周用衣服、被单等垫好，不能移动，不能抬伤者头部，这样会引起伤者脊髓损伤或发生截瘫。昏迷者应俯卧，头转向一侧，以免呕吐时将呕吐物吸入肺内。颈椎骨折时，需在头颈两侧置一枕头或扶持患者头颈部，不使其在运输途中发生晃动。

Q60. 怎样预防运动中小腿肌肉拉伤？

小腿肌肉拉伤是运动中常见的伤病，在运动之前，特别是在天气寒冷的冬季，应该积极地进行充分的热身运动。在热身准备的时候，多做一些拉伸小腿后群肌肉的动作，使小腿肌群预先适应剧烈的运动。

平日里，还需要加强大腿前、后群及小腿三头肌的力量练习。对于常发生小腿肌肉痉挛、疼痛的球友，建议在打球时佩戴护具或弹力绷带（螺旋型缠绕小腿）及肌力胶布（粘贴小腿）。

Q61. 如何避免运动后肌肉酸痛？

许多人在剧烈运动后有肌肉发胀、关节酸痛、精神疲乏之感，严重者可能会影响第二天的工作或学习，所以学会避免运动后肌肉酸痛至关重要！在一次活动量较大的锻炼之后，往往会出现肌肉酸痛。这种肌肉酸痛不是在运动结束后马上发生的，而是在运动结束后1～2天，因此称为延迟性疼痛。特别是那些对抗地心引力的动作和对抗较强阻力的动作，更容易产生肌肉酸痛。

这是一种很正常的反应，在发生了肌肉酸痛后，我们可以采取做伸展运动、涂抹药膏、冰敷、温水浴及桑拿浴等方法减轻疼痛。不过，以上方法都只能暂时缓解。

在运动时，我们应当注意以下几点。

（1）根据不同体质、不同健康状况科学地安排锻炼负荷，不要一味逞强；

（2）锻炼时，尽量避免长时间集中练习身体某一部位，以免局部肌肉负担过重；

（3）做好准备活动，注意对即将练习的局部肌肉进行活动；

（4）运动后要注意进行一般性放松练习，重视肌肉的伸展牵拉练习。

肌肉酸痛多是由于肌肉损伤所致，正如其他运动创伤一样，必须让受损的肌肉有足够的时间康复。如果真的无可避免，在训练课后，可以多休息几天。另外，不要一锻炼完就冲向浴室洗澡，这很容易影响身体的血液循环，增加心脏的负担。尤其是蒸气浴和桑拿浴，如果训练后立刻进行很容易导致头晕、恶心甚至心率衰竭。

所以运动后做一些简单的放松和伸拉练习，一定要等心率恢复到每分钟120次以下5～10分钟、身体"冷却"后再去洗澡。为了尽快解除疲劳，有些人会吃些鸡、鱼、肉、蛋等补充营养，满足身体需要。其实此时食用这些食品不但不利于解除疲劳，反而对身体有不良影响。最后，人在运动后，应多吃些碱性的食物，如水果、蔬菜、豆制品等，以保持体内酸碱度的基本平衡，保持人体健康，尽快消除运动带来的疲劳。

进行羽毛球运动前和运动过程中应随时注意观察身体各部位肌肉的反应，有肌肉发硬、酸痛或有"不愿意运动"的感觉时，则不再勉强进行比赛和训练。

62. 如何在打羽毛球的过程中防止运动损伤？

（1）合理掌握运动量，防止运动量过大。在打羽毛球的过程中，由于下肢前后左右不停地反复多次奔跑，上肢无数次大力挥臂击球，腰腹、躯干连接上下肢运动，在运动中身体各部位负荷都大。如果运动量或内容的安排稍有不慎，局部负担过重，则会造成局部的损伤，如多次进行大力杀球，则膝关节局部肌肉负担过重；多次进行上网步法练习，则踝关节局部负担过重。为此，在运动中上下肢负荷安排要适当，密度大和密度小的内容要交替进行，并留意运动后身体各部位的反应，如感到某一局部负担过重，则应停止该部位的练习。

（2）掌握正确的技术动作。运动中技术动作不规范、不符合人体生理特点，是造成运动损伤的一个重要原因，技术动作合理、准确，不但运动时省劲、舒服、漂亮，而且不易受伤。相反，技术动作不合理、笨拙，不但费力别扭，而且极易受伤。如上肢击球动作僵硬，用力不合理，不符合生理特点，易造成肩关节受伤。进行上网步法时，如前脚掌着地、重心前冲，髌骨则易受伤。

（3）加强力量素质的训练。力量素质是一切运动的基础。力量素质好，特别是小肌肉群力量好，能有效预防损伤。相反，肌肉力量差、伸展性不好是致伤的一大原因，对于易出现损伤、力量相对较弱的身体部位，应注意提高其机能和承受运动负荷的能力，特别是注意改善其肌肉力量和肌肉的伸展性，这是预防损伤的一种积极手段。

（4）运动时保持良好的身体状态。当身体疲劳时，身体各部位运动机能下降，易出现反应迟钝、动作不协调、运动能力下降等反应。此时如仍然勉强参加运动，身体极易出现损伤，为此在进行羽毛球运动前和运动过程中应随时注意观察身体各部位肌肉的反应，有肌肉发硬、酸痛或有"不愿意运动"的感觉时，则不再勉强进行比赛和训练。

（5）注意环境因素对损伤的影响。比如场地湿滑、过硬、不平、有异物。鞋袜不合适及鞋子过大、过小或鞋底过硬、袜子薄，以及球拍太重等，都有损伤身体的可能。

63. 处理运动急性损伤有哪些办法？

（1）易发生运动损伤的部位。常见的运动损伤多发生于脚踝、膝关节和腰椎等部位。运动损伤可分为急性和慢性两种。急性损伤多是由于突然暴力冲击所致，比如打篮球踩到别人脚上导致崴脚，打羽毛球时扭到膝盖，或是进行其他运动时扭了腰椎。慢性损伤一般是由于长期的劳损所致，比如打球时腰有点不舒服，歇歇就会好一些，一打球就又开始疼，持续了好几年，这种多是慢性劳损。也有可能是一次急性损伤没有得到良好的处理，长时间下来导致慢性疼痛。疼痛持续3个月以上，就要考虑是慢性疼痛了。

（2）急救记住RICE原则。R代表休息（rest）、I代表冰敷（ice）、C代表加压（compress）、E代表抬高患肢（elevate）。这些是处理急性运动损伤的黄金原则。制动患肢（受伤的肢体）可以防止损伤部位的二次受伤，也可以防止受伤肢体过度运动，可以在一定程度上减轻损伤组织过多渗出导致过度肿胀的风险。冰敷可以降低患者的痛感传入，减轻痛苦，并且冰敷可以减少组织渗出，使受伤部位的毛细血管紧缩，从而控制肿胀。用一定的压力压住损伤部位，可以促进出血组织的凝血，从而防止过度肿胀。抬高患肢可以促进淋巴回流，防止肿胀。但是要注意，抬高患肢时应该是将患侧肢体平面抬高高于心脏平面，这样才可以促进回流。

（3）运动损伤72小时内不要热敷。急性运动损伤是不能热敷的，我们可以看看NBA的球员，下场后基本都是马上用冰袋冰敷膝盖。这种做法一是减轻痛感，二是可以防止过度肿胀。那热敷一般什么时间采用呢？热敷一般是在急性期之后，也就是肿胀基本消除了后可以使用。一般来说，发生损伤的72小时内都不要热敷，否则会导致软组织肿胀加重，更加不利于恢复。

64. 羽毛球运动中擦伤的常见原因、特点及处理方法有哪些？

产生的原因：多是运动者摔倒后皮肤与地面发生摩擦导致的，在羽毛球运动中倒地救球时被场地擦伤或挥拍时擦伤，也有因移动时重心过低膝盖与地面发生摩擦导致擦伤。鱼跃救球最可能导致膝盖和手肘擦伤。

特点：一般来说，擦伤的特点是出血（一般是毛细血管出血）或组织液渗出伤口。

处理方法：

（1）羽毛球运动中擦伤如果处理不当，容易引起感染，所以要尽快止血并进行伤口消毒。若擦伤不严重，面积小、浅层次、清洁面没有异物，可以用生理盐水冲洗消毒后，涂抹2%的红药水。

（2）不要对擦伤进行暴露治疗，这样容易让伤口创面干裂，会影响运动。

（3）若擦伤很严重，有异物（如沙土等）嵌入皮肤，或是擦伤面积很大，则很容易发炎和感染。处理方法是先用生理盐水冲洗伤口，把异物清除掉，再用凡士林油纱布覆盖伤口，然后用绷带加压包扎。

（4）若伤口情况非常严重，就需要到医院，让医生进行清创手术，使用抗菌药物并注射破伤风抗毒血清。

65. 羽毛球场上运动员受伤时医生喷的是什么？

这种球场上的"化学大夫"，是一种叫氯乙烷的有机物，没有颜色、极易挥发（沸点13.1℃）的液体。常温下呈气体，在一定压力下则变为液体。球员受伤后，常出现软组织挫伤或拉伤，这时，把氯乙烷液体喷射到伤痛的部位，氯乙烷碰到温暖的皮肤，会立刻沸腾起

来。因沸腾的速度很快，液体一下就变成气体，同时"带"走皮肤上的热量，受伤的皮肤像被冰冻一样，暂时失去知觉，痛感自然也消失了。这种局部冰冻，能使皮下毛细血管收缩停止出血，受伤部位就不会出现淤血和水肿。这种方法叫局部麻醉，它能使身体的某个地方失去感觉，但又不影响其他部位。

66. 肌贴的作用有哪些？

肌肉贴即运动贴布，主要是为治疗关节和肌肉疼痛而开发的贴布，被普遍

应用于运动保健及防护,使用者中大部分为运动员,目前医学界也开始用其治疗关节病。不经常运动却受到关节疼痛困扰的健身爱好者也可以用肌肉贴来舒缓疼痛。肌肉贴主要有3个方面的治疗作用:①缓解疼痛;②改善循环,减轻水肿;③支持、放松软组织,改善不正确的动作形态,增强关节稳定性。

67. 打羽毛球身体受伤后能喷云南白药吗?

可以,云南白药喷雾剂的功效是活血化瘀,同时也可以达到快速消肿止痛的作用。如果出现软组织的损伤,或者是跌打损伤等导致的局部疼痛及淤血水肿等情况,局部应用这种药物可以明显缓解。首先前48小时应冰敷,之后可以喷云南白药并对患处按摩。

68. 怎样通过拉伸练习缓解训练后膝关节的疼痛?

(1)拉伸小腿。双脚正对墙,双腿前后分立,双手扶墙,脚跟着地。后面一条腿伸直,慢慢弯曲前面一条腿的膝盖,直到感觉后面一条腿的小腿肌肉被拉伸,静止15秒,每次做2~3组。

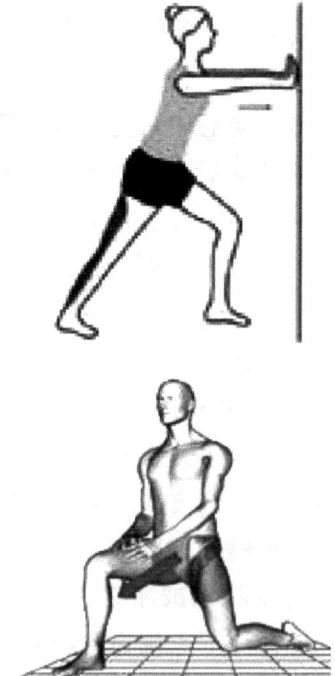

(2)弓步下跪拉伸髂腰肌。单腿下跪,收臀,臀部向前移动,直到感到一股力量作用在前面的大腿上部,不要前倾和扭曲臀部,并静止15秒,左右侧各做2~3组。

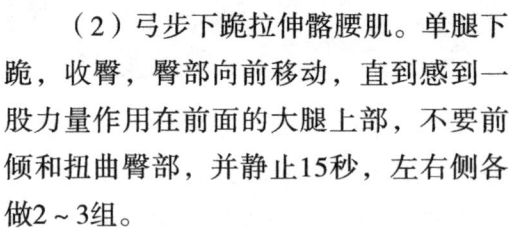

(3)拉伸大腿后群肌。平躺在垫子上,一腿伸直,一腿举起,大腿和臀部呈90°,缓慢伸直举起腿的膝盖,直到大腿后侧有拉伸的感觉,保持10~15秒放下,左右腿各做10组。

（4）双手拉伸梨状肌。平躺在垫子上，大腿和臀部呈90°，同时一手向下推膝盖，另一手向上拉踝关节，保持10~15秒，直到臀部外侧有拉伸的感觉，左右腿各做5组。

（5）直腿上身前倾拉伸大腿后群肌。类似瑜伽体式中的单腿背部伸展，直坐，保持一腿伸直，一腿弯曲在一侧，身体向前缓慢伸展，始终保持脊背的平直，不要拱背，直到大腿后侧有拉伸的感觉。注意这个过程中手不要前移，臀部要坐稳，保持10~15秒，左右腿各做5组。

（6）仰卧交叉腿拉伸梨状肌。平躺，一条腿跨在另外一条腿的外侧，用对侧的手向肩膀方向拉伸另一条腿的膝盖，保持脚平放在地上，直到臀部外侧有被拉伸的感觉，保持10~15秒，左右腿各做5组。

（7）单腿鹤立拉伸大腿前群肌。站直，把一只脚向后放在椅子或桌子上，大腿保持正直，收臀向前，感到大腿前侧拉伸，身体不能前倾，臀部也不能扭曲，保持10~15秒，左右腿各做5组。

（8）打坐拉伸大腿内收肌。身体正直，屈膝坐在地上，双脚脚底正对，把膝盖往下压，直到大腿内侧有被拉伸的感觉，身体不能前倾，脊背挺直，保持10~15秒，每次做5组。

69. 如果羽毛球击中了眼睛应怎样处理？

被球打到时，如果有细小的球毛碎片飞入眼睛，可能会有明显的刺激症，如刺痛、流泪、眼睑痉挛等症状。此时千万不能乱揉眼睛，这样可能会造成异物擦伤眼睛或嵌入眼内，对眼睛的损伤往往会更大。而如果是被球击中眼睛，会感觉眼睛胀痛，视物不清，严重的情况下视野范围内会有阴影存在。

如果出现肿胀及流泪现象，可闭目冰敷消肿，24小时内冰敷，24小时之后热敷，每天2~3次，可用眼药水辅助疗伤，静卧休息，少用眼。来到户外要用手护住眼部，避免风吹。一般而言，需要一周左右恢复，这期间依靠身体机制慢慢愈合。

70. 防伤病的科学手段有哪些？

防伤病的科学手段包含主动性干预和被动性干预。

（1）主动性干预。强调自身对运动表现的影响，包含选择意识和运动器官状态两方面因素。选择意识犹如我们知道的上医理论，指的是你面对自身生理状况的科学化总览，比如，根据年龄选择适当的运动类型、适当强度的运动模式等，这是开始运动前科学化的判断，也可以说是科学发展观的体现；运动器官状态指的是选择的运动项目所需要的运动器官成熟度，比如，腿部肌群的发达程度（包括绝对力量、速度力量、速度耐力、关节供能、柔韧度等），以及肌肉的平衡发展，如是否有上、下交叉综合症。运动器官的发达程度会直接影响运动表现。其还分运动前和运动后。

（2）被动性干预。主要强调外物对运动表现的影响，比如，专业化装备，像各种护具、衣服、鞋等，正确合理的使用有着积极意义，比如对意外情况的防范。

71. 从酸疼部位可以发现哪些发力技术问题？

（1）手腕酸疼。手腕酸疼在业余球友中一般是由两个原因造成。一是正手球翻腕不正确，业余球手容易在挥臂时就将手腕向前，造成击球时的翻腕动作更像压腕动作。规范的翻腕动作是在挥臂时手掌外沿向前，在即将击球时手腕外展旋腕翻腕。

手腕酸疼的第二个原因是业余球友在反手击球时靠翻腕翻臂发力，这样会造成手腕及肘部酸疼。正确方式是手臂带动手腕外展，发力点是在手指上（拇指外顶，小指、无名指、中指内收）。

（2）肘部酸疼。肘部酸疼分肌肉酸疼和关节酸疼两点，肌肉酸疼大部分是因压腕的翻腕姿势造成肘部前方肌肉负担过重，产生酸疼。关节酸疼的主要原因：一是反手发力不正确（参考手腕酸疼部分）；二是发力过程中（特别是在击球前瞬间）手臂肘关节弯曲，造成反馈力主要加于肘部。

（3）腰部酸疼。腰部酸疼在业余球手中70%以上是因为在拉后场球时发力后消力过程没有注意，简单来说就是在拉后场发力后一定要注意右脚顺势向前踏出（右手持拍），这点很重要。发力后没有做到易造成腰部肌肉未完全舒展，承担反作用力过大造成酸疼。

（4）肩部酸疼。肩部酸疼大部分是因为后场球击球点靠后（球已飞过头顶）和靠臂力击球，比如有些人会在球飞过头顶后靠勾手发力救球，这极容易造成肩部酸疼。

（5）膝部酸疼。业余选手膝部酸疼的主要原因一般都是步法最后一步步幅不够，没有脚跟落地，同时没有脚尖向外，造成身体前冲重量未通过腿部到足部，而集中压在膝部，造成酸疼。

（6）踝部酸疼。踝部酸疼的主要原因是移动时（特别是左右移动）脚尖没有外展，造成身体重量不能通过足部到地面，而直接作用在踝部。

72. 手腕腱鞘囊肿怎么恢复？

手腕腱鞘囊肿是一种多发于手腕背侧、掌侧或足背等处的良性肿块。本症一般对人体影响不大，极少数可自行消失。目前，虽有多种方法治疗本症，但多数病例仍有复发的可能。若囊肿较小，又无症状，且不影响外观，可不做处理，多观察。若囊肿较大，又有症状者，可进行非手术治疗。复发者，可再次治疗。手腕腱鞘囊肿的患者要多注意对患处的保护与观察，少吃辛辣食物。长时间使用计算机的人应注意每隔1小时休息5~10分钟，休息时勤做室内运动，活动关节，这样会减轻手腕腱鞘囊肿症状或预防手腕腱鞘囊肿。

73. 手腕筋膜炎怎么恢复？

筋膜炎是指肌肉和筋膜的无菌性炎症反应，当肌体受到风寒侵袭、疲劳、外伤或睡眠位置不当等外界不良因素刺激时，可以诱发急性肌肉筋膜炎。由于在急性期没有得到彻底的治疗而转入慢性，或由于患者受到反复的劳损、风寒等不良刺激，出现持续或间断的慢性肌肉疼痛、酸软无力等症状。治疗上主要以增加局部血液循环、促进炎症吸收为主，如局部放松按摩、针灸、微波等治疗。如果是腱鞘炎，可口服消炎止疼药物，缓解手腕疼痛。针灸治疗及超声波治疗效果不错。必要时需要打封闭治疗。在活动前要做好手腕的伸、屈、绕环等准备活动，促使血液循环加速。训练之余，要适量加强腕部肌肉、韧带的力量练习，加强对局部的保护，促进受伤关节机能的迅速恢复。

74. 打完球后脚弓处疼怎么办？

脚弓痛有可能是因为脚部的力量不够，反复用力过多造成的炎症；还有可能是在打球跳起时，动作不对造成的损伤。建议经常做一些脚部的牵拉运动。具体方法是：把腿伸直，向后勾脚尖，或把脚靠在墙角上立起

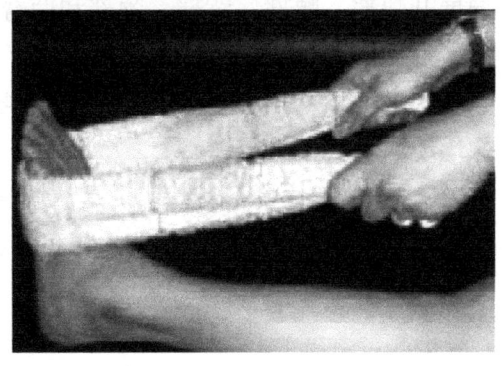

来,蹬脚后跟,这些练习随时都可以做。

75. 打球时如何保护脚趾?

经常打羽毛球的人可能会遇到脚部大拇指的一些问题,比如大拇指头较黑、大拇指淤血或灰指甲,还有就是甲沟炎。大拇指较黑是摩擦造成的,需要减小摩擦。除了改进步法,还要换一双合适但稍大一点的羽毛球鞋,大半个号就行。另外,要穿厚一些的袜子,最好是专业羽毛球袜。专业球袜不仅厚而紧,还在脚部中间的位置特别加厚进行环绕加固。如果有老茧、凸出物,要修薄。

76. 不同部位抽筋应该怎么处理?

(1) 手指、手掌抽筋:将手握成拳头,然后用力张开,再迅速握拳,如此反复进行,并用力向手背侧摆动手掌。

(2) 上臂抽筋:将手握成拳头并尽量屈肘,然后再用力伸开,如此反复进行。

(3) 小腿或脚趾抽筋:用抽筋小腿对侧的手握住抽筋腿的脚趾,用力向上拉,同时用同侧的手掌压在抽筋小腿的膝盖上,帮助小腿伸直。

(4) 大腿抽筋:弯曲抽筋的大腿,与身体成直角,并屈膝关节,然后用两手抱着小腿,用力使它贴在大腿上,并做震荡动作,随即向前伸直,如此反复进行。

77. 怎样预防抽筋?

(1) 经常锻炼身体,防止肌肉过度疲劳。运动前做好充分的准备活动,伸展开腿部、腰部、背部、颈部和两臂的肌肉。增加运动量不可过急,应该遵守每周增加10%的原则。

(2) 经常喝水,不要等到口渴时再喝。大量出汗时应该补充营养强化型的运动饮料。

(3) 注意饮食平衡,特别是从饮食中补充各种必需的营养成分,如喝牛奶和豆浆可以补钙;吃蔬菜和水果可以补充各种微量元素。

78. 膝盖外侧髂胫带疼有什么缓解方法？

（1）侧卧。

（2）臀部下蹲。

（3）拉伸小腿。

（4）双手双膝拉伸。

（5）拉伸后腿腱。

（6）交叉腿。

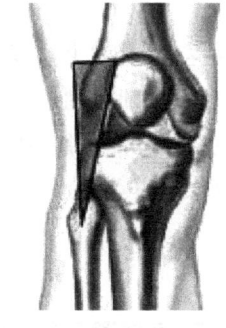

79. 前膝盖疼有什么缓解方法？

（1）半蹲墙根。

（2）单腿下蹲。

（3）侧卧。

（4）臀部下蹲。

（5）压腿。

（6）拉伸小腿。

（7）下跪。

（8）拉伸后腿腱。

（9）鹤立。

80. 膝盖上方四头肌腱炎有什么缓解方法？

（1）拉伸小腿。

（2）下跪拉伸。

（3）拉伸后腿腱。

（4）鹤立。

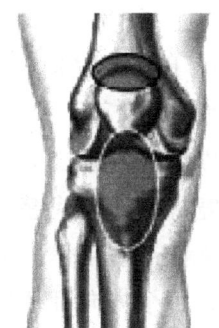

81. 膝盖骨上方或上胫骨内侧滑囊炎有哪些缓解方法？

（1）拉伸小腿。

（2）拉伸后腿腱。

（3）鹤立。

（4）打坐。

82. 膝盖骨下方髌腱炎有什么缓解方法？

（1）拉伸小腿。
（2）拉伸后腿腱。
（3）鹤立。

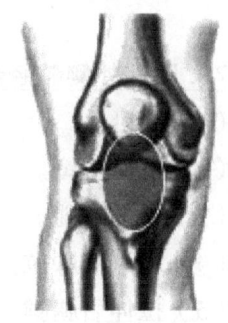

83. 怎样避免跳绳过程中膝盖损伤？

（1）跳绳者应穿质地软、重量轻的高帮鞋，避免脚踝受伤。
（2）绳子软硬、粗细适中。初学者通常宜用硬绳，熟练后可改为软绳。
（3）选择软硬适中的草坪、木质地板和泥土地的场地，不要在硬性水泥地上跳绳，以免损伤关节，还易引起头昏。
（4）跳绳时需放松肌肉和关节，脚尖和脚跟需用力协调，防止扭伤。
（5）胖人和中年妇女宜采用双脚同时起落。同时，上跃也不要太高，以免关节因过于负重而受伤。

84. 肩膀受伤后，怎样通过锻炼进行康复？

康复训练可以借助橡皮带。拉着有阻抗的橡皮带，向前、向一侧、向后、向上举臂，然后手掌换个方向再重复这些动作。比如，从手掌朝上换成手掌朝下拉橡皮带，还可以做上肢内外旋的动作。练习时，从轻阻抗开始慢慢增加，不要一上来就把橡皮带拉得特别紧。每个动作的次数也要逐渐增多，以练完后第二天不感到疼痛为宜。没有专用橡皮带的，可以用农贸市场买的宽橡皮带来代替。如果觉得用橡皮带不方便，还可以抓着装满水的矿泉水瓶来做这些动作。但因为矿泉水瓶缺乏橡皮带的阻力，所以练习时要绷住劲儿，每个方向都要用力。特别是胳膊放下来时也不要松劲，仍要稍慢地用力放下。

85. 打球时间过长，如何解决握拍的手掌出现的酸麻现象？

这是腕管综合症。腕管里面有肌腱、神经、血管，如果粘连了会非常麻烦，严重者几十年都难好。治疗要以消炎为主。平时要多做松弛前臂肌肉、手掌肌腱的练习。打球握拍时不要握得太紧。

86. 打羽毛球可以预防肩周炎吗？

从事羽毛球锻炼能有效地防治肩周炎。因为打羽毛球，无论使用左手或右手，在挥拍击球、发球、扣球、正反手接球时都在最大限度地运动肩关节，当然也包括肘、腕及手关节。

打羽毛球的各种运动姿势中，有一个使用最频繁的动作，是高抬一手用力扣杀，此时肩关节充分处于前屈、外展、外旋状态，最能发挥肩关节的功能，也最有利治疗肩关节因活动不足导致的功能障碍。

87. 伤愈后重新参与羽毛球运动有哪些注意事项？

需要注意的是，急性伤一定要痊愈后再重返运动场，而且还要循序渐进地进行恢复，否则重复受伤再康复是很难的，从急性伤过渡到慢性伤就不好治了。

慢性损伤一定要先了解清楚是什么动作使你受伤，然后避免重复的动作出现。打羽毛球时间过长，也可能导致腰及踝关节等造成冲击，这时要避免在硬的场地去运动，穿弹性好的鞋子。

慢性损伤还可带一些辅助用品，护肘、护腰、护膝。这些护具可以控制关节的运动幅度，另外，如果本身某个地方疼，肌肉韧带变弱，给其一个支撑后，损伤就不容易再继续发生了。

运动结束后，不要一直戴着护具。虽然这个地方变弱了，但要在日常生活中使其慢慢强壮起来，不能不动，越不动血液循环越弱，血液循环越不好这个位置就越弱。

88. 羽毛球扣杀后关节疼痛应怎么处理？

羽毛球扣杀是很容易得分的技术动作，可是许多人发现扣杀后，腕、肘、肩、膝等关节部位会出现不同情况的疼痛，有些人认为过几天就会自行恢复，却不知有些已经引起关节内结构的损伤，需要积极治疗。

在扣杀过程中，要求右脚蹬地起跳，以胸带动肩，再带动肘，最后力量集中在腕关节做鞭打动作扣球。有些羽毛球爱好者在扣球时肩部用力过猛，频繁牵拉撞击引起上臂抬起疼痛，肩关节活动受限。有些患者进行一段时间羽毛球运动后发现，腕部活动时关节内疼痛，这是因为击球时腕部反复旋转受压，造成三角软骨盘损伤。

还有的人出现肘关节内外侧压痛，无法握重物、拧毛巾，这是肘关节内外侧肌腱和腱止点受剪切力作用而受伤，形成"高尔夫球肘"或"网球肘"。扣杀起跳落地时也常发生膝关节内外侧副韧带和半月板的损伤及踝关节的扭伤。如果急性损伤处理不当或慢性损伤得不到应有的注意，容易发展成慢性劳损，引起关节不稳和再损伤，甚至发展成为骨关节病。

在运动中出现急性损伤，应当立即冷敷伤处，加压包扎，外敷药物，并限制关节活动，肿胀疼痛严重要立即去医院就诊。出现慢性疼痛时，不要再进行羽毛球等挥拍运动，防止损伤加重；轻度疼痛可采取理疗、按摩、外敷中药和静力练习等保守方法促进康复；疼痛严重、有明显压痛点时可采取局部封闭治疗；保守治疗无效的患者要寻求运动医学专业医生的诊治，必要时采取手术治疗，以清除受损组织，使病变区域恢复活性。关节疼痛不容忽视，只有积极恰当地处理，才有利于伤病痊愈。

89. 羽毛球运动损伤的发生率与运动水准有关吗？

一般来说，优秀运动员受伤多于同一俱乐部中的业余爱好者。但是，当考虑到运动时间时，业余爱好者的损伤危险性则高于优秀运动员。因而，优秀羽毛球运动员的受伤次数更多是由于他们参加运动的时间更长，而业余爱好者的损伤危险性更高则是由于其他原因，如训练、体质、技术、训练比赛的规则及相关的器材等。

90. 训练与比赛会不会提高羽毛球运动损伤的发生率？

与其他体育运动相反，优秀羽毛球运动员在训练中的损伤危险性要高于比赛中的危险性。可能是由于运动员在训练中还会参加其他危险性更高的运动。业余爱好者在训练和比赛中的损伤发生率没有差异。

第六篇

羽毛球运动保健问答

Q1. 羽毛球运动如何改善体型、体重和身体成分？

（1）羽毛球运动能够形成健美体态。

（2）羽毛球运动影响身体内的脂肪比例和分布。

① 羽毛球运动可增加能量消耗；② 羽毛球运动可促进脂肪分解，减少其合成；③ 羽毛球运动可以减少体脂，改善身体成分。

（3）羽毛球运动有利于保持体重。

（4）羽毛球运动是减肥最积极有效的手段。

（5）羽毛球运动可以提高免疫功能。

Q2. 如何预防夏天打羽毛球中暑？

（1）了解自身健康状况：定期体检，平时要重视身体不适的"信号"（如胸闷、胸痛、头晕等症状），夏季高温时不可过度运动。

（2）场馆选择和必需装备：可以选择有空调的场馆，如果是没有空调的场馆，除了打羽毛球必需的装备（羽毛球包、拍、羽毛球、服装、鞋、袜、杯子、毛巾、护具、剪刀等）作为常规标准配备，还需要准备扇子和水，通常自备运动饮料——糖盐水一瓶，凉白开一大瓶，但不推荐冰水。汗多者建议用毛巾胶，配防滑粉，以及头汗带、护腕，减轻头汗、手汗的影响。

（3）药品：防暑药品（如人丹、霍香正气水等）、防蚊虫叮咬的药品（蚊不叮、风油精），还可以备上冷喷镇痛剂、绷带之类以备不时之需。

Q3. 打羽毛球崴到脚怎么办？

（1）分辨伤势轻重。轻度崴脚只是软组织的损伤，稍重的可能是外踝或第五跖骨基底骨折，再重的还可能是内、外踝的双踝骨折，甚至造成三踝骨折。轻的可以自己处置，重的必须到医院请医生诊断和治疗。所以分辨伤势的轻重非常重要。

（2）正确使用热敷和冷敷。热敷和冷敷都是物理疗法，作用却截然不同。血得热而活，得寒则凝。所以，在破裂的血管仍然出血时要冷敷，以控制伤势发展。待出血停止后方可热敷，以消散伤处周围的瘀血。

（3）适当活动。在伤后肿胀和疼痛进行性发展时，不要支撑身体站立或走动，最好抬高患肢限制任何活动。待病情趋于稳定时，可抬高患肢进行足踝部的主动活动，但是禁做会引起剧痛的活动。等到肿胀和疼痛逐渐减轻时，再下地走动，时间先短一些，待适应后慢慢增加。

（4）正确按揉。在出血停止前，以在血肿处做持续的按揉为宜，方法是用手掌大鱼际按在局部，压力以虽疼尚能忍受为宜。时间是持续按压2~3分钟再缓缓松开，稍停片刻再重复操作。

每重复5次为一阶段，每天做3~4个阶段较合适。出血停止后做揉法，用大鱼际或拇指指腹对局部施加一定压力并揉动，方向是以肿胀明显处为中心，离心性地向周围各个方向按揉，每次做2~3分钟，每天做3~5次。

（5）合理用药。出血停止以前，不宜内服或外敷活血药物，可用"好得快"喷洒伤处。出血停止以后，则宜外敷五虎丹，内服跌打丸、活血止痛散等。

4. 天气冷想打球又怕受伤该怎么办？

（1）定期体检。
（2）适量运动。
（3）体能训练。
（4）选择适合自己的"装备"。
（5）进行充分的准备活动。
（6）使用必要的运动护具。
（7）防寒保暖。
（8）运动后放松。

5. 如何保护脆弱的跟腱？

跟腱弹性下降（没有活动开、损伤、炎症等原因导致）时，跟腱或跟腱与骨的结合部等受到反复牵拉容易出现反复损伤，导致慢性疼痛、炎症。预防的方法不是"锻炼跟腱"，而是运动前热身，包括活动脚踝、低强度跑动和缓慢的动力性拉伸，以及运动后跟腱静力性拉伸。同时要学习高效节能的步伐，在没有必要跳跃时不要过多跳跃。

6. 戴隐形眼镜打球需要注意什么？

（1）选择适合自己的隐形眼镜。

（2）佩戴时间不宜过长。

（3）打球过程中，推荐使用吸汗头带。

（4）额外准备一副隐形眼镜。

（5）如果打球过程中眼部受到撞击，比如球打到眼睛，或搭档碰到你的眼睛，立刻把隐形眼镜取下来换框架眼镜或休息。

（6）眼睛觉得干涩或不适时，不要直接戴着隐形眼镜滴眼药水。

7. 打球后睡不着怎么办？

（1）找到失眠的原因。

①不良生活习惯；②心理因素；③生理因素；④安眠药或嗜酒者的戒断反应；⑤环境原因。

（2）改善睡眠的方法与注意事项。

①调整情绪，保持乐观心态，分析原因，对症处理；②选用瑜伽休息术，瑜伽休息术融音乐、冥想、减压、认知与助眠训练于一体；③不可随意吃安眠药；④不赖床。

8. 打羽毛球运用到的上肢力量包括哪几方面？

上肢力量包括前臂的力量、手腕的力量和手指的力量，在羽毛球中，发力主要还是依靠这三个部位的力量。

9. 如何进行手腕力量的练习？

比较容易实现的方法有两个：一是挥重拍；二是利用器械。

挥重拍就是在平时挥动比羽毛球拍重很多的其他球拍，比如，网球拍和壁球拍，或者很老的那种铁质的羽毛球拍，总之就是比常用的球拍重一些。也可以在常用球拍的拍头包上几层报纸或是半截拍套，这样改造之后的球拍头非常重，经常挥舞会增加腕力。

在练球时也可练习腕力，注意其练习的重点是手腕的力量，在挥动的过程中要有意识地使用腕力来控制，尽量不要使用胳膊的力量。注意保护手腕，带上护腕是很好的保护措施。

利用器械就是用杠铃或哑铃来练习，即手握杠铃或哑铃，手腕反复屈伸。练习过程中需要注意，动作快速可锻炼手腕的爆发力，而动作较慢就起不到锻炼爆发力的效果，但可以锻炼手腕的肌肉，对于腕伤的治疗很有帮助。

10. 如何进行前臂力量的练习？

器械练习是最好的办法，利用哑铃和杠铃，即手握杠铃或哑铃，以肘关节为支点，放下和举起手中重物。在动作上要注意，保持手腕与前臂成一条直线，不用力，这样才可以锻炼到前臂而非手腕。同样的，动作速度快是锻炼爆发力，放慢动作就是恢复训练而不是力量练习了。

11. 如何进行手指力量的练习？

初级水平的选手一般很难使用到手指的力量，这需要在很放松的状态下，只是在击球的瞬间才紧握球拍，才可以发挥手指的力量。而网前球尤其需要手指的力量，因为越是精细的动作，就越需要极小的动作和细微的发力。

练习手指力量一般是使用握力计，平时自己空手频繁做手指快速抓握的动作也可以达到目的，关键在于坚持练习。

12. 为什么李宗伟补充能量吃的是香蕉，而不是士力架？

香蕉含有大量的钾，对于大量出汗后的恢复有一定的作用，且食用后身体负担较小，是从事各项运动的首选食品。士力架含有大量的焦糖和花生，在剧烈运动中，血液向四肢流去，突然摄入大量焦糖可能会引发胃部不适，且糖分摄入过多嗓子会发黏，对于呼吸有一定的影响，花生属豆类，同样易引发胃部不适。通常运动员在比赛准备当中会着重避开高甜食物和肉类。香蕉是全能性食物，可以帮助补充水、碳水化合物、电解质。电解质中的钾能防止血压上升及肌肉痉挛，而镁则具有消除疲劳的效果，而且香蕉本身消化吸收也快，适合各种人群食用。

13. 怎么练习手腕力量？

（1）方法一：挥重拍。可以用一些比较重的拍子，一方面增加腕力；另一方面当被动击球时，可以用腕力回球。器材选择：可选择网球拍、加重的羽毛球拍、装满水的塑料瓶。

训练强度：挥动20～30次为一组，连续快速挥动，使小臂有酸胀感，建议训练2～5组。

注意事项：练习时一定要先活动手腕，避免突然发力手腕受伤。

（2）方法二：跳绳。跳绳可以练到腕关节和踝关节，提高腕力和小腿的肌肉耐力。熟练后可以尝试"双摇""三摇"，这对手腕和脚踝的爆发力则有更高的要求。跳绳的时候，可以增加一些羽毛球运动的专项步法练习，如小交叉步、转体、前后左右蹬跳。这样在增加力量的同时，还起到了增加灵活性的作用。器材选择：普通的跳绳。

训练强度：建议连续跳3～10分钟，具体时长需根据各人体能而定。

注意事项：练习时应利用前脚掌发力。

（3）方法三：拉橡皮筋。橡皮筋吊在后面手握住。参照羽毛球技术中的头顶球、正手球、抽球，用这种跟击球动作相似的动作方式去拉皮筋，增加手臂的摆动能力，得到小臂、手腕，甚至手指力量的提升。

器材选择：普通皮筋或健身弹力带。

训练强度：每个动作挥动20次为一组，建议训练2～5组。

注意事项：一定要先热身，避免肌肉拉伤。

14. 打羽毛球时如何降低手臂受伤的风险？

（1）动作正确，发力正确。

（2）不勉强去救接不到的球（容易拉伤）。

（3）不模仿专业运动员的动作。

（4）一定要做准备运动。

（5）不选择较大超出能力范围的装备。

15. 打球前后怎样合理补充能量？

（1）运动前保持低升糖指数轻食。

（2）依照运动时间长短适当饮用温开水。

（3）运动后可吃少量的高纤维食物。

（4）运动后应当吃一些碱性食物。

（5）运动后1小时再进正餐。

16. 打球后双腿疲乏，有什么方法可以缓解？

打球后一定要牵拉肌肉，以便彻底放松。泡浴是个好办法，泡热水几分钟，再用冷水冲，反复3~4次，使血管舒张、收缩，有利于缓解肌肉疲劳。

17. 打羽毛球后如何放松肌肉？

（1）大腿部位的放松。分别左右单足站立；静力拉伸肌肉至最大限度时静止

20~30秒钟；坐姿压腿至最大限度时静止20秒左右；双手揉搓大腿，站立抖动和放松大腿。

（2）跟腱及小腿部位放松。拉压左右脚跟腱（注意开始时用力轻一些，弧度小一些），慢慢加大力量，拉至最大限度时静止20~30秒，然后双手揉搓、抖动放松小腿。

（3）臂、手腕放松。右（左）手牵拉手臂肌肉至最大限度时静止20～30秒，之后做同侧臂抖动方松。站立左右手交换揉搓、抖动前臂、手腕。

（4）腰背负荷量较大的肌肉部位的放松。屈伸放松腰背并敲打背部负荷量较大的肌肉部位。

（5）上下肢全身放松活动。上下肢全身放松抖动、揉搓。

18. 打球时间过长，应该喝什么恢复体力？

运动后最好喝含盐的饮料、碱性的饮料。运动时最开始消耗的是身体里的糖原，之后燃烧的才是脂肪，所以运动的时间应为30～45分钟，超过45分钟会过多损失肌肉。运动前可以喝水、补充蛋白质。

长时间或剧烈运动后身体内环境呈酸性，所以会出现一些部位酸痛，而含盐的饮料主要是补充生理盐水，碱性的饮料可以中和身体的酸性。如果运动目的是减肥的话，就不要喝甜的饮料了。如果想尽快恢复体力，那最好喝含糖的饮料。

19. 老年人打多久羽毛球合适？

羽毛球运动适合于男女老幼，运动量可根据个人年龄、体质、运动水平和场地环境的特点而定。青少年运动量宜为中等强度，活动时间以40～50分钟为宜。

老年人和体弱者运动量宜小，活动时间以20～30分钟为宜。运动前要充分做好准备活动，并增强力量练习，运用正确的技术动作，选用合适的球拍、球及运动鞋，并在运动后充分放松。

20. 打球运动过量会有哪些现象？

（1）肌肉疼痛。由于乳酸的堆积，运动后肌肉疼痛是正常的，但如果疼痛持续3～4天或更长时间，就要降低运动强度了。严重的话应该立即停止运动，同时做按摩、理疗等。

（2）头痛头晕。一般做剧烈运动时，特别是打球时间过长，强度过猛，就会出现这种情况。这主要与血压变化、血液中氧气含量过低有关。建议体质较差的人应根据自身情况选择适合自己的运动项目。

（3）自我感觉疲劳。打完球后身体疲劳是很正常的，但是，如果疲劳现象持续2～3天或更久，就可能是运动过度。这时就需要暂时停止运动，让机体得到充分恢复。

（4）精神压抑。打羽毛球的初衷应该是缓解压力，使身心愉悦，但如果运动中出现精神压抑，应该积极自我调节，减小运动量。

（5）恶心呕吐。如果不是饮食引起的，那多数是由于肌体运动过量缺氧造成的。锻炼者应该注意从小运动量开始，循序渐进。

21. 打球后应该如何正确饮食？

食物可分为酸性食物和碱性食物。判断食物的酸碱性，并非根据人们的味觉，也不是根据食物溶于水中的化学性，而是根据食物进入人体后生成的最终代谢物的酸碱性而定。酸性食物通常含有丰富的蛋白质、脂肪和糖类，含有钾、钠、钙、镁等元素，在体内代谢后生成碱性物质，能阻止血液向酸性方面变化。所以，酸味的水果一般都为碱性食物而不是酸性食物，鸡、鱼、肉、蛋、糖等味虽不酸，但却是酸性食物。

人在体育锻炼后，感到肌肉、关节酸胀和精神疲乏，主要原因是体内的糖、脂肪和蛋白质被大量分解，在分解过程中，产生乳酸、磷酸等酸性物质。这些酸性物质刺激人体组织器官，使人感到肌肉、关节酸胀和精神疲乏。而此时若单纯食用富含酸性物质的肉、蛋、鱼等，会使体液更加酸性化，不利于疲劳的解除。食用蔬菜、甘薯、柑橘和苹果之类的水果，由于其成碱作用，可以消除体内过剩的酸，降低尿的酸度，增加尿酸的溶解度，可减少酸在膀胱中形成结石的可能。

所以，人在体育锻炼后，应多吃些富含碱性的食物，如水果、蔬菜和豆制品等，以利于保持人体内酸碱度的基本平衡，以及保持人体健康，尽快消除运动带来的疲劳。

22. 夏季打羽毛球必须注意哪些事项？

（1）锻炼时间不宜过长。高温天气下体力的消耗比平常大，所以把握锻炼时间很重要，不要一直打，打球中间要适当休息喝水。另外，打球总时长最好比平时减少一点。

（2）注意及时补水。夏天气温高，出汗量更多，体内的水分和电解质（主要是钠盐）大量丢失。高温天气体力消耗极大，这时需要及时补充水分。由于出汗多自身盐分消耗大，所以补充水分需要适当喝点生理盐水，饮料中最好含有糖分、盐分，运动饮料是不错的选择。

（3）不能喝太凉的饮料。很多人喜欢下场后马上痛饮大量冰凉甚至冰冻的饮料，其实这是极其错误的。冰冻饮料虽然冰凉爽口，能解一时暑热，但冷饮大量进入胃肠道后，会导致胃肠道血管骤然收缩，血流量减少，引起胃肠道痉挛性收缩，引发腹痛、腹泻。冷刺激还会干扰肠胃的正常蠕动，导致消化功能失调，影响消化液的分泌，使免疫力下降。

（4）打羽毛球消耗体力较大，衣服湿透是很正常的，活动完直接回家，否则最好找个地方洗澡，换身干衣服，如果骑车回家，把关节处的汗水擦干再骑车。

（5）身体不适者应避免在高气温下运动。有心脏或呼吸疾病的球友应尽量减少或停止打球。即便平时身体健康的球友，也要及时调整运动时间和强度。

23. 运动前、中后该怎么喝水？

运动前：充分补给。

运动中：多次喝水，小口喝水。

运动后：稍微多喝。

（1）比赛前和比赛中要喝点水，但是每次不要喝多，每15分钟不要超过300毫升。

（2）比赛前和比赛中喝的水应该含有低于3%的糖，温度为5~10℃。额外的盐分或其他添加物是不需要的。

（3）比赛后要多喝水，即使已经过了几个小时。

（4）注意尿的颜色。如果很黄，说明需要更多的水分。

（5）训练中要养成喝水的习惯，这样容易克服活动中水分吸收的困难。

24. 打完羽毛球大量出汗后可以立刻洗澡吗？

锻炼后不宜立刻洗浴，不管是冷水浴还是热水浴。运动时不仅肌肉、骨骼、关节等运动器官的运动量大幅增加，体内其他的器官，如心脏、肺等也要增加活动才能满足机体运动时的需求。各组织器官活动加强，产生的热量也大幅增加，必须及时释放出去，否则体温会升高很多。

运动后立刻洗热水浴，会增加皮肤中血流量，不利于心、脑等器官的供血，很容易导致心脏和大脑血供不足，当水温较高时，还容易虚脱。运动后最好休息30分钟左右，做一些放松活动，等没有汗水了，再进行洗浴。如果条件允许，最好洗温水澡，水的温度和正常体温差不多就行了，之后再慢慢降低水温。

25. 运动后大量出汗应怎么补充？

（1）运动饮料。大量出汗后，可选择一些含有钠、钾元素的运动饮料来喝，能帮助补充水分和电解质。不过，不要喝太甜的饮料。

（2）淡盐水。大量出汗后只喝水是不行的，最好喝些淡盐水，且注意多次少饮。将适量食用盐放入水中，等盐溶解后即可饮用，一般喝10~30℃水温的淡盐水为好。

（3）咸味食物。大量出汗后，体内盐分流失比较多，建议适量吃些咸味食物来补充体内丢失的盐分，来达到身体所需的平衡。

（4）茶水。茶叶中有一定的钾元素，大量出汗后可以适量饮茶来补充钾，如绿茶。

（5）酸性食物。酸性食物能帮助生津止渴，如西红柿、柠檬、草莓、山楂、芒果等，其酸味能敛汗止泻祛湿，能防止流汗过多而耗气伤阴。

（6）蛋白质类食物。汗液中含有蛋白质和氨基酸，所以大量出汗后要摄入充足的优质蛋白，如鱼肉、蛋、奶、大豆等。

26. 运动后不宜做哪些事？

（1）不要蹲坐休息。
（2）不要贪吃冷饮。
（3）不要骤降体温。
（4）不要吸烟。
（5）不要立即吃饭。
（6）不要省略放松活动。

27. 如何判断运动过量？

判断是不是运动过量，不是看出了多少汗，有很多指标可帮助判断：其中一个是看脉搏，普通人的话，运动后脉搏变成每分钟140~160次，这时，再运动10~15分钟就差不多了。另外，还可以根据以下情况作出调整。

①在运动量较少的情况下感到疲劳；
②对运动缺乏热情，食欲下降甚至运动时感觉恶心；

③同样的运动量后,身体感觉很虚,恢复的时间更多,效果也不理想;

④运动后睡眠质量反而变差,易醒甚至失眠;

⑤整天精神萎靡,工作和运动效率低下;

⑥身体平衡感下降,伴随肌肉弹性减小;

⑦静息心率和运动心率都有明显升高;

⑧近一段时间关节等身体部位出现疼痛或突然受伤。

如果运动一段时间后,出现以上其中一项症状,就要警惕了;出现两项以上,可能就是运动过量了。

28. 秋季运动有哪些注意事项?

(1) 注意衣着防止感冒。

(2) 及时补水防止秋燥。

(3) 做好准备防止拉伤。

(4) 循序渐进切忌过猛。

(5) 运动保护预防损伤。

29. 严冬运动需要注意哪些问题?

(1) 强风。在同样的温度下,如果有风人会感觉更冷,风吹在皮肤上相当于环境温度降低8℃。严寒让皮肤干裂,脂化层蜕变,膝部寒冷,指、趾僵痛。膝部皮温下降的速度是胸部的20多倍。人在严寒中,基础代谢率会增加10%~20%。加大运动量,其产热也主要用于御寒,难以达到健身效果。因此,在严寒刺骨的强风中锻炼,有悖健身原则。

(2) 大雾。冬天阳气闭藏,雾气较多。由于大气污染严重,雾对呼吸道黏膜有刺激作用,会诱发鼻炎、支气管炎、哮喘等发作。严重时,对呼吸道黏膜会产生损伤,降低屏障和防御作用,使一些细菌、病毒等致病微生物侵入,导致肺部疾患。所以在大雾天气可在家休息,或做些室内运动。

(3) 感冒。冬天气候多变,感冒多发。患感冒时,疲乏无力,如发烧则更加重体能损耗。此时运动代谢增强,无助于感冒痊愈。此外,人患感冒时免疫系统处于应激状态,运动会加重免疫系统的疲惫状态,降低机体抵抗力。

(4) 热饮。运动后别吃过热的食物。寒冬时节,人运动时四肢躯体的皮肤及心、肺,甚至消化道黏膜与周围组织都处在冷适应状态。运动后如果马上吃较热的食物，消化道黏膜会产生强烈的应激反应，招致微血管破裂、出血。中老年人的组织、脏器适应功能减退，应变能力差，血管脆性增加，黏膜损伤、出血的可能性会更大。

30. 晚上适合运动吗？

从中医学的角度看，考虑到人体阴阳平衡，晚上阳气慢慢消退，阴气慢慢增加，要求以静为主，过度锻炼确实会影响睡眠。如果过度运动，大量流汗还会造成人体免疫力低下、虚弱易发病。

最好选择在白天进行锻炼，即使在晚上锻炼也不要剧烈运动。俗话说，一日之计在于晨，所以很多人选择在早晨运动。其实，这未必是合适的锻炼时间。因为在凌晨4点到早上9点之间，二氧化碳反流，空气质量并不好。另外，早晨人体的血液黏稠度较高，尤其是那些患高血压和心血管疾病的人，起早运动对身体很不利。所以早晨运动的人要控制好时间，锻炼前最好喝上一杯水，以稀释血液、降低黏稠度。在午后的2～4点，人体运动能力达到高峰，而此时阳光充足、温度适宜、风力较小，是锻炼的最佳时间段。

如果想减肥，最好选在晚上锻炼。因为晚上运动能帮助食物更快地消化，不会使脂肪囤积在体内。不过，无论强度大或小的运动，都会使神经系统处于兴奋状态，所以运动后过1小时再睡觉。

31. 打羽毛球之前可以吃些什么？

（1）糙米饭。糙米饭中含有丰富的纤维，在打羽毛球前吃一小碗糙米饭，能保证打球时体力充沛。

（2）燕麦片。燕麦中含有大量膳食纤维，使用吸收后，可以转化为碳水化合物，且燕麦中含有维生素B，能帮助将碳水化合物转化为能量，打羽毛球前吃一些麦片，可以补充身体所需的能量。

（3）香蕉。香蕉是打羽毛球前很好的食物选择，其含有丰富的维生素、糖分等物质，能迅速补充能量，而且香蕉中含有较多的钾元素，可以减少抽筋的概率，再加上香蕉比较容易消化，不会对肠胃造成较大负担。

第七篇

羽毛球运动营养问答

Q1. 打完羽毛球如何补充水分？

（1）蜂蜜水。除含20%的水分外，主要含碳水化合物（其中42%葡萄糖、35%果糖、2%蔗糖）、12种矿物质、10种维生素、16种酸类等多种营养物质，有助于提高口感，符合多种糖原复配的要求，同时提供丰富的营养物质。

（2）葡萄糖水。葡萄糖水含维生素A、维生素C和钙，超市药店即可购买。可以调节渗透压，有利于吸收。

（3）食盐水。补充电解质钠（Na）、氯（Cl），调节渗透压。根据等渗饮料的常见配方和生理盐水的配方，给出家庭运动补水饮料配方：纯净水1000毫升，食盐0.9克，葡萄糖40克，蜂蜜30~50克。

Q2. 打羽毛球后如何保持身体健康平衡？

（1）在正餐前锻炼。

（2）合理配比蛋白质与碳水化合物。

（3）喝牛奶。

（4）少食多餐。

（5）运动后喝点水。

（6）边运动边补充能量。

Q3. 哪些食物有助于运动后营养的补充？

柠檬、西兰花、黑巧克力、薯类、牛油果、大蒜、菠菜、豆类、核桃。

Q4. 天气炎热时运动健身该如何喝水？

第一，运动前2小时喝约500毫升的白开水。这是因为运动前补充水分可以提高机体的热调节能力，降低运动中的心率。提前2小时补水可以给肾脏代谢充足的时间，将体液平衡和渗透压调节到最佳状态，有足够时间使多余的水分从体内排出。

第二，运动过程中，如果时间超过1小时，就应喝些淡盐水，每升水里加0.11~0.15克盐，并将水温控制在15~22℃。运动时大量出汗，汗液中含有很多离子成分，此时再喝没有任何离子含量的白开水，起不到补充效果，而淡盐水能及时补充流失的离子，防止出现血钠症等不适反应。去运动时，最好随身带个保温杯，按比例冲好淡盐水，即使不感到口渴，也最好每运动20分钟就喝一两口，以平衡体内汗液的流失，避免脱水给人体带来损伤。

第三，运动后要喝电解质饮料，即含有钠、钾、氯、镁、钙、磷等矿物质的饮料。或者可以按 1：15 的比例，在白开水中加些糖饮用。水中加入糖，是为了保持一定的血糖浓度，延缓疲劳发生，从而保证健身者的身体健康。

5. 如何从饮食方面解决运动后肌肉酸痛问题？

（1）吃纯天然或浅加工的食品。营养丰富的食品在提供相同能量的条件下，能提供更多的维生素和矿物质。营养丰富的食品主要是指一些天然食品，如鸡蛋、牛肉、水果等。精致的食品和多数的快餐食品因为含有过多的脂肪和较少的维生素及矿物质，因此属于营养不丰富的食品。

（2）设置每日营养平衡食谱。爱好运动的人比一般的人能量需求大，运动需要机体有丰富的能源储备，同时要控制体内脂肪的量以便控制体重和预防心血管疾病的发生。因此，饮食中的能量分布最好是高碳水化合物（60%~70%）、低脂肪（20%~25%）、有足够的蛋白质（12%~15%），这样的饮食最能满足以上的要求。

（3）运动前可加餐。运动会增加能量的需求，为此，运动前加餐补充糖分是很有必要的。加餐时优先选择果酱饼干、香料蜜糖面包、谷物营养棒、干果和果汁一类的食品，当然还有水，在运动前后和运动过程中都要不断补充水分。

6. 为什么羽毛球运动后一定不要喝可乐？

第一，在喝完可乐20分钟，可乐里的各类物质会使体内的血糖浓度上升，刺激胰岛素分泌。40分钟后，咖啡因完全吸收，血压上升，反而会使人感到困倦。

第二，可乐中含有大量的磷酸，可能导致肾结石。而磷酸还会阻碍铁质的吸收，铁是制造血液的主要材料之一，一旦铁质不够，则会引起缺铁性贫血。

第三，可乐中过量的糖类物质会导致各类肥胖，而过度肥胖又容易引起各类心血管疾病等。

第四，研究表明，长期打球后喝可乐的人，患糖尿病的风险会增加80%，而可乐中的 A 糖和磷酸、碳酸等容易与牙齿表面的釉质发生溶解反应，导致蛀牙。

第五，可乐中大量的磷酸和碳酸等物质还会夺走我们身体中的钙，造成骨质疏松等疾病。

第六，可乐中还含有一种叫做苯甲酸钠的防腐剂，会让有些人产生皮疹、哮喘等不良反应。而塑料瓶装的可乐中也可能含有双酚A，这种物质会对我们的内分泌系统造成一定程度的影响，使青春期早熟和生殖系统异常。

Q7 为什么要补充运动营养？

第一，人们进食后有20%～30%的能量用于消化本身，进食量越大百分比越高。所以对运动员来说不是吃得越多越好，尤其在比赛间歇也不可能吃很多东西来补充营养。

第二，在三餐中有很多营养可能是无法补充充足的。例如，为了防止训练后肌肉的流失，每天需要补充蛋白质160克，而每100克牛肉中蛋白质的含量约为20克，也就是说如果单从牛肉中补充足够的蛋白质，至少需要进食800～1000克牛肉。所以蛋白粉等运动营养就很好地解决了这个问题，方便快捷。但需要强调一点，运动营养和正常进餐的关系是七分吃三分补，切不可颠倒顺序。

Q8 什么时候补充运动营养？

这关系到吸收方式和吸收时间。蛋白粉一般需要2小时吸收，随着科技的发展，水解乳清蛋白等高科技产品可以把吸收时间缩短到1小时甚至半小时，所以可以根据自己购买的产品来选择补充时间。糖原半小时吸收，但一次大量补充糖原会引起腹泻、胰岛素分泌紊乱等问题，所以要少量多次补充。

Q9 打羽毛球时如何补充营养？

在长期的运动中要像运动员一个赛季一样进行全面考虑。在一次运动当中要根据不同的强度目的来补充。简单来说，羽毛球是一种集有氧无氧运动于一身的运动，既有速度又要求耐力。所以对业余爱好者建议如下：

长期打球的爱好者要注意蛋白的补充，运动前2小时补充蛋白粉，运动前半小时开始补充糖原，运动中继续少量多次补充糖原（这里说的糖原是运动饮品，和蜂蜜果汁等不同）。

运动后马上补充蛋白粉，有利于防止耐力训练引起的肌肉流失，减少疲劳。

流汗会引起电解质的流失造成抽筋痉挛，所以补充纳、钾、钙、镁等电解质很有必要。谷氨酰胺能改善肠道环境，提高免疫力，适用于持续高强度的训练。

10. 羽毛球运动中怎样保持体力？

（1）训练中的液体补充。为减少在热环境下比赛球员热病的发生，应当养成良好的饮水习惯，球员在比赛前、比赛中、比赛后应当及时补充水分。水是最实用的饮料，但更合适的是补充运动饮料。运动前进行预防性补液有利于避免脱水的发生，在热身期间应补充200~400毫升的液体；训练中补液应遵循少量多次的原则，每隔15~20分钟补充150~200毫升液体，含糖4%~8%的运动饮料，如健身饮料，由于可以同时增加糖、液体及电解质的摄入，因此是训练中液体补充的首选；训练后补充液体量可根据体重的变化来确定，体重每下降1千克，补液量要达到1500毫升。运动员不应补充含咖啡因和酒精的饮料（如咖啡和可乐），因为这些饮料会增加排尿量，加重脱水症状。

（2）比赛期间的强化运动营养补充。

比赛阶段	强化运动营养补充方案	及时补充效用
赛前	健身饮料和/或康比特棒能量型	增加肝糖原储存，保证身体水合充足，缓解饥饿
赛中间歇	健身饮料或快复冲剂	维持运动中血糖稳定和体液平衡，有利于提高比赛成绩
赛后	肽能冲剂和康比特棒蛋白型12	加速机体糖原填充和疲劳消除，提高运动能力

备注：额外的饮食可选择牛奶、面包、面条、香蕉、米饭、水果、酸奶等高糖、低脂肪、适量蛋白质、容易消化的食物，赛前一餐最好在赛前2小时左右完成。

11. 羽毛球运动员如何实现合理营养？

（1）从思想上高度重视一日三餐的合理营养。

（2）运动员要加强营养知识的学习，根据自己每天的训练量，合理选择三餐食物种类和数量，而不是单单根据自己的喜好选择食物。

（3）在具体选择食物时，要重视主食的摄入，如米、面食等。

（4）合理地选择运动营养保健品。

12. 羽毛球运动中需要补充哪些营养？

日常饮食：

（1）保证进餐时间稳定。高质量的早餐对一天的开始特别重要。

（2）每天食用各种各样的自然食物，如水果、蔬菜和其他营养含量高的食物。

（3）合理摄入蛋白质。禽肉类、鱼、蛋、牛奶和干酪所含的蛋白质有必需氨基酸。这类食物是最适合的蛋白质来源。

（4）保证一定的脂肪摄入，脂肪在荷尔蒙的生产和调控身体系统方面起重要作用。

比赛期间饮食：

如果营养摄取做得很好，则不太需要额外的维生素和矿物质，尽管补充质量好的维生素不会有任何坏处。

（1）食用碳水化合物含量高的低脂肪食物，如肉类。

（2）避开碳酸饮料、甜食、蛋糕或其他糖分食品。

（3）在比赛中保证电解质供应，以弥补出汗和肌肉活动的损失。市场上有很多运动饮料可以帮助补充电解质和在比赛过程中出汗而失去的盐分。饮用运动饮料能防止肌肉痉挛。

13. 如何让羽毛球运动员的营养均衡？

（1）合理选择主食。主食中含有丰富的碳水化合物，能供给运动员充足的能量，要避免食用过多的肉类。目前，国内运动员蛋白质缺乏已较少见，大多数处于供过于求的状态。吃过多的肉食不仅不会给运动员增加能量，相反会给人体带来许多危害，如过多的蛋白质摄入可同时带入过多的脂肪，长期下去会引起高血脂、冠心病等。另外，动物蛋白和植物蛋白的比例要适宜，应以牛奶和豆制品代替部分肉类。吃各种各样的蔬菜和水果，特别应增加生食的蔬菜，以减少营养素在加工过程中的流失。少吃或不吃油炸食物、肥猪肉、烤肉、腊肉、奶油等，会引起肥胖。

（2）合理地选择运动营养保健品。运动营养保健品亦称"强壮食品"或"功能食品"，是专为从事运动的人而设计的一类特殊营养品。为保证训练的有效性，运动员在合理膳食的基础上，还应科学合理地选用运动营养保健品。

（3）听从营养师的建议安排，均衡搭配。可以在球包里放一些坚果，随时补充能量。

14. 如何确定羽毛球运动的合理饮食时间？

羽毛球运动前的饮食时间，应根据运动的时间和不同食物的消化时间来决定。基本原则是羽毛球运动前所进食的食物能在比赛过程中供给所需的充足营养和能量，而又不会在运动过程中造成运动者的肠胃不适。高热量或高脂肪的食物，往往需要较长的时间才能被消化。

一般而言，正常的一餐食物需3～4小时的消化时间，才不至于使人们在运动中感到肠胃不适，而食量较少的一餐需2～3小时的消化时间。少量的点心只需1小时就能被消化。但这些情形依照个人在羽毛球运动时对胃中食物的感觉不同而会有差异。因此，如果对胃中食物很敏感，过量的食物会令你感到饱胀不适，那么就需要在运动前更早进食，让食物有更长时间被消化，或者减少食物的摄取，以减轻这些症状。

所以，羽毛球运动前的饮食和进食时间应因人而异，每个人都需要在运动时进行体验，找到最合适、最有效的食物和进食时间。但最好不要在比赛时尝试在日常训练中没有试食过的食物，以免造成不必要的负面影响。

15. 羽毛球运动营养补充的原则是什么？

（1）注意补充人体运动需要量高的营养素，如碳水化合物、蛋白质、维生素、矿物质等。

（2）长时间运动，注意水和能量物质的补充。

（3）运动后应及时补充帮助恢复的营养品。

（4）注意补充可提高抗过氧化物和增强免疫能力的营养品。

（5）合理安排好饮水和进食时间。

16. 运动以后补糖有什么意义？

运动前补糖可以增加肝糖原、肌糖原的储备。运动中补糖可以提升血糖水平、节约肌糖原、减少肌糖原耗损以延长耐力时间，运动后补糖是为了增加糖原的恢复。运动前和运动中适量补糖有利于维持血糖水平和提升运动能力，延缓疲劳的发生。

17. 运动以后如何补糖？

补糖的类型以单糖为主，其中单糖以葡萄糖吸收最快，果糖的吸收也较快，且主要为肝脏利用，果糖合成肝糖原的量为葡萄糖的3.7倍，但果糖不宜大量使用，过多容易引起胃肠道的紊乱。通常我们鼓励运动后补充碳水化合物甜味食品或饮品。

18. 哪些因素会影响能量代谢？

①运动强度；②间歇时间；③持续的总时间。此外还和环境因素，不同人的体重、年龄、营养状况、训练水平等有关。

19. 人体的散热方式有几种？

当外界温度低于体温时，机体可通过热辐射、热传导、热对流和汗液蒸发4种方式散热；当外界温度高于体温时，机体的散热方式只有汗液的蒸发。

20. 低温环境下进行羽毛球运动该如何补充营养？

（1）饮用温热的含少量糖或盐的饮品，温热的饮品有助于维持体温，减少对胃肠道的刺激，糖类可为机体适量补充能量，盐可帮助机体储留液体，减少寒冷造成的尿量增多。

（2）注意食物的保温和及时食用，以免对胃肠道造成不良刺激。羽毛球运动量较大，长时间运动时补充糖分是必要的，可饮用6%～10%的含糖类饮料。

21. 如何科学调配饮食？

（1）平衡饮食。

（2）饮食全面化。

（3）按季节饮食。

（4）适应用餐人的饮食习惯。

22. 制定科学的饮食制度应该注意哪些方面？

（1）注意肠、胃道的消化能力。

（2）合理的就餐时间。

（3）用餐分配合理。

23. 一日三餐遵循怎样的分配原则比较好？

（1）运动前的一餐，食物不宜过多，但要提供一定的热量，要易消化，要含有较多的糖、维生素和磷，少含脂肪和纤维素。

（2）运动后的一餐，量可以大些。

（3）晚餐不宜过多，且不宜吃含脂肪和蛋白质过多及刺激性较强的食物，以免影响睡眠。早餐应含丰富的蛋白质和维生素。